韩国留学生阅读汉语文本的眼动研究

于 鹏 著

图书在版编目(CIP)数据

韩国留学生阅读汉语文本的眼动研究/于鹏著. —北京：北京大学出版社,2011.1
ISBN 978-7-301-18171-3

Ⅰ.韩… Ⅱ.于… Ⅲ.汉语－阅读教学－对外汉语教学－自学参考资料 Ⅳ.H195.4

中国版本图书馆 CIP 数据核字(2010)第 243077 号

书　　　名：韩国留学生阅读汉语文本的眼动研究
著作责任者：于　鹏　著
责任编辑：刘　正
标准书号：ISBN 978-7-301-18171-3/H·2712
出版发行：北京大学出版社
地　　　址：北京市海淀区成府路 205 号　100871
网　　　址：http://www.pup.cn　电子信箱：zpup@pup.pku.edu.cn
电　　　话：邮购部 62752015　发行部 62750672
　　　　　　出版部 62754962　编辑部 62753334
印　刷　者：三河市北燕印装有限公司
经　销　者：新华书店
　　　　　　650 毫米×980 毫米　16 开本　11.5 印张　200 千字
　　　　　　2011 年 1 月第 1 版　2011 年 1 月第 1 次印刷
定　　　价：26.00 元

未经许可，不得以任何方式复制或抄袭本书之部分或全部内容。
版权所有，侵权必究
举报电话：010-62752024　电子信箱：fd@pup.pku.edu.cn

序

　　面向对外汉语教学的研究,我们通常看到的多是感悟性的研究,即使是关于教学方法的研究,一般也少见借用仪器作为研究工具的。在国内语言学界(包括对外汉语教学界)用先进的实验设备进行研究,在语音方面偶见一些文章。读了于鹏的这部书,我们看到,有一些专家和年轻的学者,正在用实验仪器——眼动仪这种昂贵的高端设备,对人们的阅读以及影响阅读效率和速度的若干语言要素和认知要素,进行研究。若从学科性质来讲,用仪器研究语音,我们通常称之实验语音学。比照实验语音学,于鹏等的阅读眼动研究,可否称之实验语言学或实验言语学?因为实验语音学一般是为语言和语言学而进行的语音研究,而汉语阅读的眼动研究,不是一般的语言规律和范畴探索,涉及到人和语言的交互,当属语言接受的言语学范畴。但同时,它又涉及认知和教育,是一种多学科的交叉性研究。

　　语言的第一载体是语音,语言的第一形式是有声语言或口语。自文字产生以来,语言出现了第二载体,有了第二形式——书面语。从感知方式上讲,口语是语言的耳治形式,书面语是语言的目治形式。自书面语产生以来,语言的两种感知方式和载体类型,就一直是语言学习、使用和教学的两个密不可分的方面。粗略地说,第一语言的儿童语言习得是依赖语言的第一形式口语,第二语言的学得由于对象一般是掌握了第一语言并有一定教育经历的成人,因而其第二语言学习的语言形式往往十分倚重书面语或语言的书面形式。不论汉语母语者学其他语言,还是其他语言的母语者学习汉语,都曾经出现过许多人只会看和写,不会听和说的现象。比如哑巴汉语和哑巴英语,就是这种现象的具体体现。对于一种语言的学习和使用,最理想的模式是听、说、读、写四会,但是通常的情况是,母语的习得者先会听说,二语学得者擅长读写。前者是语言的本质属性使然,后者与教学理念和方式有关,但也与语言要素的认知属性有关。对于人来讲,语言形式的识记形式是心理印象,声音的心理印象受之于耳,由于其语音时间上的易逝性,一旦没有记住就无法自己找回来;但目治的文字则不然,其识记形式是图形和符号,受之于眼,不熟悉的内容可借助其熟悉的目治形式记载,即使一时没记住可通过一定形式工具找回。比如第一次学习英语的汉语母语者,当其不会国际音标的时候,对于"thank you"的读音,有人会用汉字和汉语拼音注音为"三客有"或 san ke you,就是一种佐证。有一本为汉语母语者学法语编写的快速入门手册,就是用汉字和拼音来注法语的读音的。汉语母语者学外语是如此,外语母语者学汉语的情况亦然。这里我们感兴趣的,不是将某个具体的语言形式转化为符号形式的内容和表现,而是目治形式在语言学得和使用中的心理强势和行为惯性。别说二语学得,就是母语的有些内容的识记,我们也常常是以书面的文字形象存储。因此从这个角度讲,二语学习的阅读及其掌握的重要性是不言而喻的。

很多人都会不同程度地把"知易行难"作为我们认识事物和处理问题的一种哲学尺度。从知和行两方面来看,看到阅读(准确的说是目治)对于二语学习的重要性,虽然已属不易,但对于教学的整个过程和目标来讲,这还只是停留在"知"的阶段,而更重要和更难的是"行"的实践,是怎么把这第二步变成现实和把比较难的内容变得相对不难或不那么难。这里我们非常高兴的是,于鹏的《韩国留学生阅读汉语文本的眼动研究》为我们做了这方面的工作。他不仅做了,而且还是用眼动仪和相关研究手段来做的,使其方法和结论建立在比较客观的基础之上。应该说,这是于鹏对对外汉语教学或国际汉语教育的重要探索和学术贡献。本书是我国第一部进行该类研究的专著,是具有学科开拓性的意义的。

怎么把比较难的问题变得不那么难,除了应用先进的仪器和相关方法之外,本书作者抓住和阅读有关的语言要素和认知要素:词语标记(分词连写,或词与词之间有空白标志)、篇章类型、文体类型、内容或主题熟悉程度和阅读者。这些要素都是对外汉语教学中经常思考和讨论的问题。这种研究,可以说是从一个方面使对外汉语教学的研究,迈进了科学技术的大门或曰走入了科技手段的前沿。20 世纪 80 年代,语言学界对语言研究成果曾经有过"三新"的评价标准(即新材料、新观点和新方法),并认为三"新"具备的研究为理想境界,具备其中两项者次之。进入 21 世纪以来,不少学者注重学科前沿的思索和探求,对于应用语言学甚至语言学的前沿,笔者以为,若仿照 80 年代"三新"的思路,21 世纪应用语言学的理想境界应该进入三个方面的前沿,即理论前沿、应用前沿和技术前沿。即所研究的问题具有理论、应用和技术的前沿性。技术前沿对于语言信息处理的某些方面,其表现一般为所发现和使用的技术,是当前国内外最先进和较先进的;而对于像对外汉语教学研究的技术前沿性,就是对先进仪器和技术手段的使用,借以保证我们的研究具有最大的客观性和时代的科技含量。相对于20世纪80年代语言的"学科三新",这里的理论前沿性、应用前沿性和技术前沿性,可称之语言学的"前沿三性"。客观地讲,于鹏的《韩国留学生阅读汉语文本的眼动研究》是具有学科前沿三性的探索。

诚如于鹏所说:"目前对于留学生汉语阅读舒适度的研究开展得还不多,汉语教材版面及内容设置等多来源于经验,缺乏实证依据。本着'以人为本'、'一切为了学生'的原则,本研究力求取得一些量化数据,为对外汉语教材的版面设计及内容编排提供可靠的参考,使教材的版面设计更加科学化、人性化,有利于留学生更愉快、更舒适地阅读。"这种鲜明的人文关怀和超语言和教学的应用性,是本书的又一重要特色,对二语教材的编辑和出版也应具有积极的参考意义。

于鹏多年从事对外汉语教学,和韩国学生接触很多,对韩汉语言对比和教学有较好的积累和较深的感情,以韩国留学生作为他的研究对象,于情、于理、于研都甚为合理。本书关于多国学生的对比以及有关理论和教学问题的讨论,使本书的研究具有更广泛的意义和价值。

现在令我们特别欣慰的是,我们人类在经历了若干世纪的战乱和冷战对抗的漫长黑夜之后,现正在进入对话和追求和谐的时代黎明,国际汉语教学的蓬勃发展应是这个形势的世界性表现。目前我们面临的形势千载难逢的,是前人未曾遇到的。从事语言研究和教学的我们,应该不断贡献出我们新的作品。

作为于鹏博士后研究的合作导师,在读了《韩国留学生阅读汉语文本的眼动研究》后,写了以上一些话,不知妥否。是为序。

萧国政
2010年7月
于武汉大学语言与信息研究中心

目 录

第一章 韩国汉语教育现状分析及发展前瞻	1
一 绪 论	1
二 韩国汉语教育现状	5

第二章 中韩语言的比较及对韩汉语教学研究现状 ········ 15
    一 中韩语言的比较分析 ········ 15
    二 对韩汉语教学研究现状 ········ 18

第三章 眼动记录法及在汉语阅读研究中的应用 ········ 23
    一 眼动记录法的起源及发展 ········ 23
    二 我国眼动研究发展的历史和现状 ········ 25
    三 本研究的理论意义与实践意义 ········ 32

第四章 韩国留学生阅读有无词界标汉文本的眼动研究 ········ 34
    一 问题的提出 ········ 34
    二 前期问卷调查 ········ 41
    三 眼动实验研究 ········ 43
    四 分析与结论 ········ 65

第五章 韩国留学生阅读不同文体汉语文本的眼动研究 ········ 71
    一 问题的提出 ········ 71
    二 研究方法 ········ 74
    三 眼动实验结果 ········ 76
    四 分析与结论 ········ 85

第六章 韩国留学生阅读不同主题熟悉度汉语文本的眼动研究 ········ 87
    一 问题的提出 ········ 87
    二 研究方法 ········ 88
    三 眼动实验结果 ········ 89
    四 分析与结论 ········ 94

第七章 中韩日大学生阅读汉语文本的眼动比较研究 ········ 96
    一 中国大学生与韩国汉语高水平留学生阅读不同文体

　　　　汉语篇章的眼动比较研究 ················· 96
　　二　中国大学生与韩国汉语高水平留学生阅读不同汉语
　　　　主题熟悉度篇章的眼动比较研究 ··············· 103
　　三　日本留学生阅读有无词界标汉语文本的眼动研究 ······· 115
　　四　中国大学生阅读不同文体汉语篇章的眼动研究 ········ 124
第八章　综合讨论与教学建议 ····················· 134
　　一　综合讨论 ···························· 134
　　二　教学建议 ···························· 138
参考文献 ······························· 143
附录1　关于汉语文本中有无词边界标记是否影响留学生阅读
　　　　的调查表 ··························· 148
附录2　留学生眼动实验阅读材料 ················· 150
附录3　韩国留学生眼动实验阅读材料 ··············· 167
后　　记 ······························· 171

第一章 韩国汉语教育现状分析及发展前瞻

一 绪 论

语言不仅是人与人交流沟通的工具,更是文化的载体,甚至可以说是国家的特质标志。语言学家洪堡特(Wilhelm von Humboldt)就曾提出"民族的语言即民族的精神"[①]。民族语言的对外推广一方面表明国家政治、经济的实力,另一方面也对提升国家软实力、树立良好的国际形象起到重要作用。鉴于语言有如此重要的意义,世界各国都极为重视本民族语言的纯洁性,并对民族语言的推广不遗余力。

(一) 当前汉语国际推广工作的深入开展

自从20世纪我国实行改革开放以来,随着中国与世界各国经济、文化交流的不断加强,越来越多的外国人开始学习汉语,渴望接触了解中国传统文化。面对这种新形势,国际汉语推广工作迅速展开了。当时主要的教学模式是在高校设立对外汉语教学中心,把留学生"请进来",同时以友好学校交流或国家公派的形式向国外一些教学机构定期输出汉语教师。

随着中国国际地位的不断提高,与世界各国经济、文化交流的不断发展和国际汉语推广工作的不断深入,世界范围的"汉语潮"、"中国热"更加猛烈。特别是新千年以来,来华留学生激增。据国家留学基金委统计,1991年在华外国留学生总人数为1.1万人,2000年增加到2万人,到了2005年增加到14万人,2006年来华留学生人数超过了16万人,2008年则达到了22万人。海外的汉语学习者更是成倍增长,据《中国语言生活状况报告》统计,2007年全球学习汉语的外国人达到

[①] 威廉·洪堡特. 论人类语言结构的差异及其对人类精神发展的影响 [M]. 姚小平译. 北京:商务印书馆,1999。

4000万。据国家汉办估计,到2010年全球学习汉语的人数将达到1亿[①]。

面对这种新情况,我国汉语国际推广工作也与时俱进地做出了重要调整。"对外汉语专业"逐渐发展成为一门独立的学科,从业教师的数量和质量较以前均有了很大程度的提高,汉语教学的模式也由以前单一的"请进来"模式逐渐演变成"请进来"和"走出去"相结合的模式。所谓"走出去"是指主动出击,在国外设立办学单位,从事汉语教学工作。"走出去"不仅有利于针对所在国学习者的特点开展有针对性的汉语教学,而且使得课程设置、师资配备更加优化。这种从"请进来"到"请进来"与"走出去"相结合的策略转变是一个跨越式的转变,二者的紧密结合进一步推动了汉语作为第二语言教学的飞跃发展。

与国内以高校为主体相对稳定规范的汉语教学市场不同,国外汉语教学市场的异军突起虽然在一定程度上满足了国外学习者渴望学习汉语的需要,但由于缺乏规范和管理,国外汉语教学市场也存在着鱼龙混杂、泥沙俱下、各自为战的不良局面。面对这些情况,为了使得国外汉语教学更加规范、更具规模,国家不断加强和调整汉语的国际推广工作,制定了以"孔子学院"为龙头,面向全球推广汉语的政策。

孔子学院一般是由我国提供教师和教材,国外合作教学机构提供教学硬件设施,并负责招收学生。这一相互依托的办学思路具有独创性,为外国人学习汉语和了解中国文化提供了便利,在许多国家和地区受到社会各界的广泛欢迎。各地孔子学院结合学习者的实际情况,因地制宜,充分发挥自身优势,形成了各具特色的办学模式,积累了一定的经验,成为各国学习汉语言文化、了解当代中国的重要场所。自从2004年11月世界第一所孔子学院在韩国成立,在短短的几年时间里,孔子学院遍地开花,截止到2007年11月10日,总数量已经达到200所,遍布五大洲63个国家和地区。2007年4月9日,孔子学院总部的揭牌仪式在北京举行,这一事件具有里程碑意义,标志着孔子学院已成为我

---

① "中国语言生活状况报告"课题组编. 中国语言生活状况报告2007 [M]. 北京:商务印书馆, 2008.11:79~80

国向海外传播中国文化、推广汉语的最重要载体①。

当前汉语国际推广工作正在如火如荼地展开。党中央、国务院高度重视汉语国际推广工作，胡锦涛总书记曾三次为汉语国际推广工作题词。在2006年6月23日的批示中指出："汉语推广工作势头很好，不少国家纷纷要求建立孔子学院。我宜加大对此项工作的支持力度。关键是培养合格的师资。望统筹规划，扎实推进，力求开办一所，就确保办好一所。"国务委员陈至立在全国汉语国际推广会议（2006年7月2日）上指出："加强汉语国际推广工作是进一步发展我国与世界各国人民友好往来、满足海外学习汉语愿望的客观要求，是增强我国文化影响力、提高国家软实力的迫切要求，是树立我国良好国际形象、维护世界文明多样性、构建和谐世界的必然要求，也是我国借鉴国际语言推广经验、提高汉语国际地位的战略举措。"教育部部长周济（2007）也指出："孔子学院已经获得国际社会广泛认可，不仅将它作为学习汉语的场所，而且把它作为近距离了解当代中国信息的窗口，作为与中国进行教育、文化、经济、贸易等交流合作的平台。"

（二）对韩汉语研究在国际推广中的重要地位

在当今世界范围的"汉语热"中，韩国的"汉语潮"来势汹涌。自20世纪90年代中期韩国留学生人数首超日本留学生，跃居来华留学生首位起，十几年来一直稳居来华留学生首位。以2002年为例，在华外国留学生中，韩国留学生有36093人，占总人数的42.1%②。近年来，韩国的"汉语热"持续升温，以2008年为例，韩国在华留学生有66806人，占总人数的30%③。到2008年12月，韩国已有定名为中语中文学科、中国语科、中国语学科、中国学科、中国文化学科、语学堂、中国通商学科等专业的本科院校130所，专科院校69所，登记在学人数29607人④，至于开设汉语选修课的高中、初中和小学则数不胜数。据韩国中国语教育学会会长、世界汉语教学学会副会长、韩国外国

---

① 于鹏.孔子学院面临的问题及对策［C］.第二届国际高校汉语教学优秀成果交流研讨会论文集，韩国：图书出版䎬日社，2008.9：130~142

② 国家留学基金委.2002年全国来华留学生统计［J］.外国留学生工作研究，2003.1：97~98

③ 中国高等教育学会外国留学生教育管理分会统计数据，http://cafsa.org.cn

④ 根据韩国教育统计中心网（http://std.kedi.re.kr/index.jsp）上的数据资料整理。

语大学教授孟柱忆介绍，截至 2009 年 2 月，在只有 4900 万人口的韩国，已有三十多万较固定的长期汉语学习者以及 100 万左右不固定的短期汉语学习者。"汉流"之巨、"汉风"之强由此可窥一斑。

在韩国出现"汉语热"并不是偶然的，原因主要有以下两方面。

1. 文化的同源性是"汉语热"的沃土。中国与韩国同处亚洲东部，是一衣带水的近邻，千百年来，两国在政治、经济、文化等方面的交流频繁而密切。由于共同拥有以儒教、佛教思想为基础的文化，两国人民在思想、文化、教育等方面有很多相似之处[①]。语言方面的联系尤为紧密，中韩同属"汉字文化圈"，韩国历史上很长一段时期一直以汉语为官方语言。在现代韩语中，除少数韩语固有词外，汉字词（汉音词）仍占很大一部分。语言文化方面的同根同源，不仅使得中韩两国人民在文化上互相认同，更使得在学习对方语言时有许多便利条件。

韩国文教部于 1972 年颁布了《教育用基础汉字表》，收录了 1800 个教育常用汉字。2000 年底又在这 1800 字的基础上，根据语言环境的变化和韩国语的特点增删了 44 个汉字，保持总数不变。规定学生在初中阶段和高中阶段各掌握 900 字。对于姓名、地点等专有名词所涉及的汉字，即使不在 1800 字范围内也作为教学用字，因此，实际教学用汉字在 2000 字左右。此外，韩国目前有多项"全国汉字能力检定试验"，获得汉字等级证书可作为大学入学和大公司录用的重要依据。韩国五大经济团体在 2003 年决定，建议属下 19 万家公司从 2004 年起招聘职员时进行汉字资格检定考试，把通过"全国汉字能力验证考试"3 级（能认识 1817 个汉字，能书写 1000 个汉字）作为应聘条件，并根据所获资格证书的级别择优录取。这些政策加速了"汉语热"的升温。

2. 密切的经贸联系是"汉语热"的催化剂。虽然中韩在历史上是友好邻邦，但由于政治原因，自 20 世纪五十年代起，两国开始出现对立，相互敌视，在对外关系上成为"死角"，甚至连中韩民间通信联络

---

① 于鹏，焦毓梅. 韩国大学生阅读汉语说明文的眼动实验研究[J]. 汉语学习，2008.1：101～105

也完全中断。这种相互隔阂的状态一直持续了近40年。直到20世纪90年代，随着国际形势的缓和，在双方的共同努力下，两国终于打破坚冰，于1992年8月24日正式建立外交关系，重修睦邻友好关系。

两国克服重重困难建立外交关系，主要是着眼于全球一体化战略，是新形势下的理智思考和决定。随着中韩外交关系的建立，历史翻开了崭新的一页。由于深厚的历史文化渊源，当坚冰一旦打破，两国全方位的交流可谓"忽如一夜春风来，千树万树梨花开"。由于中韩两国经济互补互助，近年来贸易额成倍增长。2008年，中韩贸易额已经达到1683亿美元，接近韩日（894亿美元）和韩美（848亿美元）贸易额的总和（韩联社2009年9月20日）。自2004年起，中国超过美国和日本，成为韩国最大贸易对象国，目前韩国也成为中国第四大出口对象国和第二大进口对象国。两国经贸往来日益频繁、经济联系领域的不断扩大，也有力地推动了"汉语热"。

当前汉语国际推广工作正轰轰烈烈地展开，鉴于对韩汉语教学模式对于汉语国际推广的理论意义和实践价值，有必要对目前对韩汉语教学情况进行一次系统全面的梳理，对韩国留学生学习汉语的特点进行分析和总结，以推动今后对韩汉语教学的不断深入。

二 韩国汉语教育现状

（一）当前韩国汉语教育的四大板块

1. 大学的中文系

这里所说的"大学"是指全日制的本科及专科院校，即韩国的大学校（대학교）和大学（대학）。由于具有课程设置严谨、教师教学水平高、考试考查严格规范、教学评估科学到位等特点，大学的中文专业成为韩国汉语教学中当之无愧的龙头老大。

1999年至2008年的10年中，共有10所本科院校新增设了汉语专业，41所专科院校新增设了汉语专业。到2008年为止，共有近200所大学开设中文专业，详见表1[①]。

---

① 根据韩国教育统计中心网（http://std.kedi.re.kr/index.jsp）上的数据资料整理

表 1 1999 年至 2008 年韩国大学（专科、本科）中文系数量

年代	专科大学	本科大学
1999 年	28 所	120 所
2000 年	27 所	124 所
2001 年	28 所	127 所
2002 年	32 所	114 所
2003 年	41 所	104 所
2004 年	54 所	111 所
2005 年	56 所	123 所
2006 年	75 所	131 所
2007 年	76 所	130 所
2008 年	69 所	130 所

学生人数也随之不断增加。由于韩国大学实行学分制度，非汉语专业的学生不仅可以选修汉语公共课（被称为"教养汉语"），也可以选修汉语作为"第二专业"（被称为"副专攻"），插入汉语专业的班级进行跟班学习。近年来随着就业压力的加剧及中韩贸易额的不断增长，不少韩国大学生启动了"第二外语"计划（也就是在学好英语的同时，再学一门外语以增加自身的竞争力），而汉语首当其冲，被大多数学生看好。因此在设有中文系的大学中，学习汉语的总人数往往是中文系学生的几倍。

2. 汉语辅导学院

朝鲜民族是个重视教育的民族，漫步在韩国的街头，你可以看到各种各样的补习辅导班（被称为"学院"），其中补习汉语的学院近些年来异军突起。

进入学院学习汉语的不仅仅是青年学生，更有儿童、家庭主妇、企业员工等，甚至还有不少白发苍苍的老人。因为学习者的学习时间、学习目的和要求等各不相同，一般学院多开设多种汉语课程，以满足不同学习者的学习需求，开课时间也从早上 5 点一直延续到深夜 11 点甚至 12 点。在学院学习汉语的主体是青年学生，他们一般在早上 5 点到 8 点或晚上 7 点到 10 点在学院学习。

辅导学院的汉语教学具有学制灵活、教学内容以实用为主的特点。学院的教师既有汉语专业毕业的韩国人，也有具有一定教学经验的中国人。他们中大部分比较年轻，多是专职，每周20到30课时不等，也有极少数是兼职授课。在学院学习汉语的学生人数无法详尽统计，但据在首尔中心区"高丽学院"任教的好友介绍，仅她所在的这一所学院每月学习汉语的人数就在1000名左右，到了寒暑假人数能超过3000名。由此也可窥见目前韩国学习汉语的群体是多么庞大。

3. 日益兴起的孔子学院

"孔子学院"的诞生是与全球范围的"汉语热"密切相关的。孔子学院是以教授汉语和介绍中国文化为目的的非营利教育机构，它是为满足海外学习者学习汉语和了解中国文化的迫切需求而设立的。世界第一所孔子学院就诞生在韩国首尔（2004年11月），几年来孔子学院不断发展，从北到南在韩国遍地开花，到2010年4月为止，总数量已经达到17所，另有2所孔子课堂，总数量位居亚洲第一，详见表2。

表2 韩国的孔子学院和孔子课堂

名称	建立日期	地区	中国合作单位	韩国合作单位
首尔孔子学院	2004.11	首尔	/	/
忠北大学孔子学院	2006.9	清州	延边大学	忠北大学
又松大学孔子学院	2006.11	大田	四川大学	又松大学
忠南大学孔子学院	2006.11	大田	山东大学	忠南大学
湖南大学孔子学院	2006.12	光州	湖南大学	湖南大学
东亚大学孔子学院	2006.12	釜山	东北师范大学	东亚大学
东西大学孔子学院	2007.4	釜山	山东大学	东西大学
启明大学孔子学院	2007.6	大邱	北京语言大学	启明大学
江原大学孔子学院	2007.4	春川	北海大学	江原大学
大佛大学孔子学院	2007.7	木浦	青岛大学	大佛大学
顺天乡大学孔子学院	2007.9	牙山	天津外国语大学	顺天乡大学
大真大学孔子学院	2007.11	议政府	哈尔滨师范大学	大真大学
汉拿大学孔子学院	2009.4	济州道	/	济州汉拿大学
又石大学孔子学院	2009.6	全州	山东师范大学	又石大学

续表

名称	建立日期	地区	中国合作单位	韩国合作单位
仁川大学孔子学院	2009.8	仁川	大连外国语大学	仁川大学
韩国外国语大学孔子学院	2009.10	首尔	北京外国语大学	韩国外国语大学
庆熙大学孔子学院	2010.4	龙仁	上海同济大学	庆熙大学
泰成中学孔子课堂	2008.11	龙仁	/	泰成中学
华山中学孔子课堂	2009.9	完州	吉林第一中学	华山中学

由上表可见，当前孔子学院已经遍布韩国的首尔、仁川、大邱、大田、光州、釜山等主要大中城市，分布渐趋均匀。在韩孔子学院以推广汉语、介绍中国文化为主要目的，教学方式灵活多样。既有学历教育，又有非学历教育；既有系统的汉语学习，又有短训班课程；既有商业汉语，又有实用汉语；既有针对大学生的课程，也有针对普通市民以及中小学汉语教师的课程；既开设具有浓郁中国特色的书法、绘画、太极拳、烹饪等课程，也组织汉语歌曲演唱比赛、汉语朗诵演讲比赛以及中国文化讲座等活动。

一些孔子学院主动与社区、企业联姻，多层次开展汉语及中国文化的推广工作，为人们更好地学习汉语、了解和认识中国创建平台。如韩国顺天乡大学孔子学院为使韩国企业员工能够全面地接触和学习掌握汉语及中国文化，每年分四期对与学院所在地牙山市易买得购物中心的员工进行汉语教学，以及中国文化知识的培训。这种产学联手的合作模式，不仅有利于两国人民的深入了解和文化交流，还为企业投资中国、进驻中国市场培训了力量，为更加深入的经济交流埋下了伏笔。

4. 中小学汉语教育

据韩国教育部对普通高中和商业高中的调查，2002年时，在全国3100多所高级中学中，开设汉语作为第二外语的高中只有351所。随着"汉语热"的不断升温，韩国教育部在2005年提出：在全国中小学普遍开设汉语课。截至2007年，韩国已有1000多所高中将汉语列为第二外语课程[①]。由于韩国教育部已将汉语认定为韩国高考外语语种，高

---

① 学汉语从娃娃开始 [N]，新华网，2007.5.16

考时对学生"全国汉字能力检定试验"成绩和"汉语水平考试（HSK）"成绩都有相关的认定加分，因此选择汉语作为中学第二外语的学生数还在不断增加。

以前除了华侨小学开设汉语课程外，一般韩国小学均不开设汉语课。但近年来随着"汉语热"不断升温，越来越多的韩国家长希望孩子学习汉语。因此一些小学也开始招聘汉语老师开设第二课堂的汉语教育。2007年5月，中国新研发的"少儿汉语水平考试"在韩国首设考场，当时有3000多名少年儿童参加了考试。"少儿汉语水平考试"的设置和展开，不仅有助于满足韩国少儿检测自己汉语水平的需求，也有助于激发和培养韩国少年儿童学习汉语的兴趣，使他们更多地了解中国，为中韩两国友好交流的明天打下良好的基础。目前，这项测试已经在首尔、安养、水原、仁川、光州、大邱、大田、釜山、原州等17座城市设置考点，每年进行4次考试，到2009年12月为止，约有4万人次的少年儿童考生参加了这一测试。

（二）当前韩国汉语教育的特点

1. *汉语普及率不断升高，但地区发展不平衡*

由于中韩两国密切的经济文化联系，汉语教学在韩国由点到面地全方位展开，学习汉语的韩国人不断增多。按照不同的学习动机，可将学习者分为三类：

（1）专业学习。主要包括全日制大专院校汉语专业的大学生、研究生以及广播大学、函授大学的成人学员，他们接受的是正规的学历教育，毕业后多以汉语作为自己的谋生手段。

（2）兴趣学习。主要包括一些儿童、青年学生、家庭主妇和退休老人，他们学习汉语多是出于兴趣。

（3）工作需要。主要是一些涉华企业的员工。韩国三星、LG、SK等一些大公司由于企业发展的需要，非常重视对员工进行外语能力的培养，有的通过一些考核来检验，有的甚至制定硬性指标，要求员工的汉语必须达到汉语水平考试的某一等级。其中一些企业还设有专门的汉语培训机构，如三星公司下属的三星研究院就设有专门的汉语培训部，负责对企业员工及其家属的汉语培训。

但目前韩国汉语教育中存在着发展极不平衡的情况，地域差别十分明显。汉语教学和学习的热点地区主要集中在首尔经济圈,釜山、光州、大田、大邱等几所大城市次之,其他地区无论从学生人数到师资力量等均与上述地区相差悬殊。

2. 教师整体水平不断升高,但仍存在巨大缺口

"师者,传道授业解惑也"。良好的师资力量是保证汉语教学成功的关键。中韩建交后的十余年间,中韩培养了大批硕士、博士等高层次汉语专业人才,两国语言学界及友好院校间的交流互动也日益频繁,这些均使得韩国汉语教师整体水平不断提升。

近年来,韩国大专院校的教师岗位竞争日趋激烈,原有教师岗位已趋饱和,当出现一个空位时,常常是十几个甚至几十个人竞争一个岗位,一大批名牌大学的博士生毕业后在大学找不到正式的教职,只能从代课教师(韩国称为"时间讲师")做起。其中一些人只好退而求其次,通过国家汉语教师资格考试进入中小学任教,这样就使得韩国近年来出现了"汉语教师资格考试热",客观上加强了韩国中小学的汉语师资力量。

在韩国的汉语教学一线,目前中国汉语教师仍占有重要比例。自20世纪90年代中期开始,韩国高校就一直以交流教师的形式引进大批中国高校教师(被称为"交换教授")来充实汉语学科的教学力量。此外,近年来还有一大批中国汉语专业的毕业生和志愿者踊跃加入到韩国汉语教学的队伍中。中韩教师在教学中的相互竞争和学习交流,也有力地推动了韩国汉语教学水平的提高。

但由于韩国学习汉语的人数不断增加,目前合格的汉语教师在韩国仍然是供不应求。据统计,韩国国内学习汉语的人数超过100万[①],今后还将不断增加。如果按照师生比1∶20来估算,韩国今后至少需要5万汉语教师,而目前韩国国内从事汉语教学的人数远远不足此数,因此目前乃至今后的很长一段时期内韩国汉语教师仍存在巨大缺口。

3. 教学内容实用性增强,但应试教育仍占重要比例

中韩建交以前,韩国大专院校的汉语专业多以研究型为主,普遍存在着重理论、轻实践,重古代、轻现代,重文学、轻语学的倾向。但随

---

① 学汉语从娃娃开始[N],新华网,2007.5.16

着交流的不断深入,汉语教学已完成从研究型向应用型的转轨。目前汉语教学可谓多点开花,主要表现在以下三方面。

(1) 课程、专业设置更加符合社会需要。韩国高校汉语专业的课程设置不再偏重于古代汉语和古代文学,而是呈现百花齐放的格局,教学重点已经从文字阅读教学过渡到听说读写译等语言综合技能的教学。为了满足当前社会需要,通商汉语科和观光汉语科等新专业纷纷设立,面向市场多层次、有针对性地培养汉语人才。

(2) 教材更加多样化、本土化。韩国汉语教材走过了从大量翻译引进到自我开发的道路。早期多以引进中国出版的教材为主。由于那些教材多是通学通用教材,并不是专为韩国留学生编写的,有的内容甚至不适合对韩汉语教学,因此不能完全满足对韩汉语教学的需要。经过多年的语言教学实践,在中韩两国教师的密切合作下,以韩国人汉语学习视角的本土化教材在教材市场上逐渐增多。其中一些教材十分注重实用性和适用性,既考虑了汉语的特点及韩国人学习汉语的特点和难点,同时也兼顾了韩国的文化习俗和民族信仰,有助于开展有针对性的汉语教学。

(3) 韩国汉语教学与其他国别汉语教学的一个重要不同是应试教育占有重要比例。虽然韩国大专院校的毕业要求里并没有强制学生达到汉语某一等级水平,但由于韩国社会普遍重视文凭,同时一些用人机构常以汉语水平等级来作为招聘录用的标准,因此在韩国学生中,"考证热"比较普遍。其中尤以"汉语水平考试(HSK)"参加人数最多。现在"汉语水平考试(HSK)"每年在韩国举行 4 次,以 2007 年为例,当年共有 5.6 万人次参加。

虽然以应试为目的的汉语教学是汉语教育中的一个"异类",但却是韩国汉语教学的重要组成部分。目前韩国非学历汉语教育中,一大部分是围绕"汉语水平考试"、"汉字能力验证考试"和"中学汉语教师资格考试"等展开的。一些汉语辅导学院甚至将学院定位为"HSK 专门学院",完全以应考辅导作为教学的主要内容。

(三)韩国汉语教育发展前瞻

对于韩国汉语教育今后将如何发展,有的学者持比较悲观的看法。他们认为韩国人口不到五千万,国土面积不足 10 万平方公里,在这样的土地上，目前的汉语教育已经接近饱和，汉语专业学生就业压力已经极大，因此认为"汉语热"该降温了。我个人不同意这种观点。相对于韩国的人口和面积，当前汉语学习者众多确属事实，但着眼于中韩经贸、文化今后的长期发展，考虑到目前韩国汉语教育的地区不平衡性、教学领域和教学内容的单一性和教学研究的片面性等明显缺陷，汉语教育市场还有极大的潜力可挖。因此当前的汉语教学只是刚刚起步，今后发展前景还十分广阔，汉语教育发展的高峰还远远没有到来。在今后一段时期内，韩国汉语教育还将在以下几个方面有所改进和发展：

1. 加强教材研发，丰富教材系列

目前韩国大学对教师的考核指标多为论文和论著的多少，因此极少有教师以汉语教材的研发为主业。目前针对韩国学生学习汉语的教材虽然数量不断增多，但现有教材尚不能满足不同层次学生学习汉语的需要，教材的系列性和实用性均有待加强。例如针对幼儿、学前儿童及小学生等特殊人群开发的教材；针对企业员工职业汉语自学或培训的教材，以及有关商贸金融汉语的教材；介绍中国传统武术、书法、中国菜、名胜古迹及当代中国歌曲等有关中国文化方面内容的教材还少之又少。此外，随着教育技术的发展，传统的"一本书一支笔"的教学形式已经与计算机辅助教学完美结合。虽然目前韩国已经创建了几个汉语学习网站，开发出学习汉字的网络游戏，远程汉语教学也正在筹建中，但还缺乏具有广泛适应性的网络教材。

编写教材是一项复杂而系统的工程，涉及语言、文化、学习心理等多方面因素，但随着汉语教学的不断深入，在中韩汉语教师的通力合作下，汉语教材的研发必将不断深入。随着从幼儿到成人、从语言学习到文化教育、从日常汉语到专业内容、从纸本教材到网络学习等不同系列、不同层次教材的研发，汉语学习者还将不断增加。

2. 优化教师队伍，提高教学效率

目前韩国汉语教师的流动性较大。汉语辅导班教师多是短期合同，由于教师间和辅导班间激烈的竞争，使得在辅导班授课的汉语教师，特别是中国汉语教师工作极不稳定。大学中的中方交流教师也多是实行轮换制，一般在韩国大学只工作1~2年。汉语教师流动性过强不利于教学内容的衔接，影响汉语教学健康、稳定的发展。

针对这一问题，一些韩国大学已经开始实行汉语"专任教师"的政策。专任教师多是具有博士学位和一定教学经验的中国籍教师（韩国大学均要求聘请一定数量的"原语民"教授），不同于大学里的外聘时间讲师和只在韩国工作1~2年的友好学校交换教师。专任教师的聘期一般较长，如无特殊原因可一直延长到65岁退休。这种专任教师虽然享受正式教授所享有的某些福利待遇，但并不完全等同于大学里韩国籍的教授。这种形式有利于加大对教学质量的监管力度，避免由于教师流动带来的不利影响。

此外，为了培养专门从事国际汉语教学、传播中华文化的汉语教师，从2007年起，我国在12所高等院校开设了汉语国际教育硕士专业(Master of Teaching Chinese to Speakers of Other Languages)。到2010年初，开设汉语国际教育硕士的院校已经扩大到二十余所，今后这样一批批一专多能的汉语教师走上教学岗位，必将有助于近一步优化教师队伍，提高韩国汉语教师整体的教学水平。

3. 拓展教学领域，加强多学科交流

虽然将汉语教育纳入韩国国民教育体系是一项长远而艰巨的任务，但从目前的发展来看，这并不是不可能实现的。由于韩国已经将汉语列为学生升大学的考试语种，当前韩国高中增设汉语课已经成为一种潮流。目前影响汉语教育进入国民教育体系的主要问题是师资的问题。随着韩国汉语储备人才的增加，汉语教师本土化程度的不断提高，在高中、初中、高等职业技术学校甚至小学开设汉语课都将成为可能。汉语教育多层次、多领域的拓展，将极大地扩大汉语的影响，使得儿童、青少年学习汉语的人数在今后很长一段时期内不断增加。特别是针对儿童的汉语教学，目前虽然才刚刚起步，但已显现出旺盛的生命力，在可见的未来，儿童汉语教学必将突飞猛进地发展壮大。与此同时，韩国汉语教学地区发展不平衡的问题也将逐渐得到改善。

创新教学模式也是促进汉语教育发展的重要手段。目前"2+2"、"3+1"学制的教学模式正逐渐成为韩国大学汉语教育的潮流。合作是发展的主流，这种国际联合办学的模式有助于提高学生的汉语水平，更有助于校际之间的交流与合作。随着交流的不断深入，中韩不同学科间的横向联合也将进一步加强，中韩语言文化、中文信息处理、语言教学、教材编写等研究领域的合作必将不断深化。

总之,虽然目前对韩汉语教学市场呈现出一片欣欣向荣的景象,但汉语教育的发展任重而道远。在"汉语热"的背后,我们还应该清醒地认识到目前对韩汉语教学中还有很多问题没有解决。如何把握机遇,克服今后发展道路上的种种障碍,不断深化汉语教学,将是中韩汉语教育界今后所要共同面对的问题。随着中韩双方的共同努力,在今后的很长一段时期内,"汉语热"还将不断升温。

第二章　中韩语言的比较及对韩汉语教学研究现状

一　中韩语言的比较分析

(一) 汉语与韩国语结构的比较

"韩国语"是一种跨境语言，在我国也被称为"朝鲜语"，使用者主要是朝鲜族。目前朝鲜族人口在韩国约有 4900 万，朝鲜约有 2300 万，中国有 190 万[①]。作为同属朝鲜民族的语言，朝鲜/韩国语是同一语言的不同称呼。但作为一种跨境语言，随着朝鲜半岛的分裂，在同一民族的语言内人为地产生了一些差别。差别主要表现在汉字词和合成词的标记法上，此外，依存名词、补助用言等的隔写规则及品词分类上略有些差别，其余基本相同[②]。另外，1954 年朝鲜在原有基础上改进了文字，取消了加用的汉字，我国境内朝鲜语与朝鲜相同。相对来讲，韩国更重视汉字，至今仍在报刊、杂志等出版物中夹杂使用汉字。而且韩国文教部于 1972 年颁布了《教育用基础汉字表》，收录了 1800 个教育常用汉字，规定初中和高中阶段各讲授 900 个。

汉语和韩国语是两种不同语系的语言。汉语是表意文字，属于汉藏语系；韩国语语系未定，一般认为属于阿尔泰语系。德国语言学家施莱歇尔（August Schleicher）根据语言形态把语言分为没有任何语法结构的语言（孤立语）、使用词缀的语言（黏着语）和具有曲折变化的语言（屈折语）三种，这种划分在语言界影响较大。按照这种划分，汉语属于孤立语，韩国语属于黏着语。

从语言的内部结构来说，任何语言都是由语音、词汇、语法三部分构成的。

[①] "中国语言生活状况报告"课题组编. 中国语言生活状况报告 2007 [M]. 北京：商务印书馆，2008.11：213

[②] 朴钟锦. 韩国语与世界韩国语教学 [J]. 北京第二外国语学院学报，1998.1：94

从语法上来看，汉语作为一种孤立语，没有丰富的形态变化，常常借助语序和虚词来表达不同的语法意义。而韩国语是表音文字，分为19个子音（元音）和21个母音（辅音）。作为一种黏着语，有着丰富的形态变化，例如韩国语中有丰富的词缀和词尾，不同的语法意义有时用不同的词缀和词尾来表达。

汉韩语法的不同点主要表现在以下几个方面：

第一，汉语没有词尾变化，主要依靠语序和虚词来表示句子中各个词之间的关系；韩国语则是借助格助词和词尾等附加成分来表示各种语法意义，其中助词和词尾就有600多个，而语序和虚词不像在汉语中那么重要。

例1：我买词典。

例2：学生们学习汉语。

上面汉语例句中的主语分别是"我"和"学生们"，宾语分别是"词典"和"汉语"。但是韩语表示主语和宾语时，必须在词尾加上表示主语的格助词"는/은"或宾语的格助词"를/을"。

例3和例4是例1、例2两句对应的韩国语表述：

例3：나는 사전을 산다.

例4：학생들은 중국어를 공부한다.

例3中主语"나"（我）后添加了主格词尾"는"，宾语"사전"（词典）后添加了宾格词尾"을"。例4中主语"학생들"（学生们）后添加了主格词尾"은"，宾语"중국어"（汉语）后添加了宾格词尾"를"。

第二，汉语有时通过一些介词来表示句中各部分之间的语法关系，介词一般加在名词、代词等的前边；韩国语则用词尾来表示各个词之间的语法关系，而词尾必须加在词的后边。以汉语的介词用法为例：

例5：我们在教室上课。

例6：从图书馆到宿舍有200米。

上面两句对应的韩国语表述为：

例7：우리는 교실에서 공부한다.

例8：도서관에서 기숙사까지 200미터된다.

例7中"교실"（教室）后添加词尾"에서"，相当于汉语"在"。例8中"도서관"（图书馆）后添加了词尾"에서"，相当于汉语"从"；

"기숙사"（宿舍）后添加了词尾"까지"，相当于汉语"到"。

第三，汉语的基本语序是"主＋谓＋宾"（见例9），而韩国语的基本句型是"主＋宾＋谓"（见例10）。

例9：我吃米饭。

例10：나는 밥을 먹는다．（直译汉语为：我米饭吃。）

第四，韩国语中存在敬语，口语表达时往往根据说话者和听话者之间的辈分、等级、年龄、性别等关系，表现出严格的语言差异。如同询问"你吃饭了吗"，会因对话人地位身份的不同而出现多种差别，如：

例11：（当对方是长辈或上级时）식사하셨습니까?

例12：（当对方是同辈时）밥을 먹었어?

例13：（当对方是孩子时）밥을 먹었냐?

第五，韩国语主要用词尾变化来表示说话者对听话者所表明的意图、方式。如"읽다"（读）的四种变化形式如下：

例14：陈述式：책을 읽다．（读书。）

例15：疑问式：책을 읽고 있냐?（读书吗?）

例16：命令式：책을 읽어라．（读书吧！）

例17：共动式：책을 읽자．（一起读书。）

每一种变化形式的词尾，叫做"形"。以上四种词尾分别叫做"陈述形"、"疑问形"、"命令形"、"共动形"。

（二）汉字与韩国文字"한글"

汉语和韩国语虽然系属和语法关系不同，但由于历史的原因，两国语言在语音、词汇上却有着惊人的相似。这主要是因为在公元15世纪以前相当长的一段时间里，韩国没有自己的文字，一直是借用汉字进行书面表达的。资料显示，最晚在我国战国时期，汉字就已经传到了朝鲜半岛。

现在的韩国文字称为"한글"，是一种拼音文字。它是15世纪在朝鲜王国第四代国王世宗大王（1418～1450年在位）倡导并主持下，由一批学者创造的，1446年正式颁行，被称为《训民正音》。1910年，韩国语言学家周时经（1876～1914）取1897年由"朝鲜"改称"大韩帝国"的"韩"字，改称"韩文"。1933年，朝鲜语学会整理制定出"朝

鲜语正字法（韩文拼写法统一方案）"，现代韩文拼写法即是在此基础上，经过1937年、1944年、1946年、1979年多次修改，1988年最后确定，并于1989年3月1日推广使用的①。

汉字在韩国语中并没有随着韩国拼音字母的出现和各种改革方案的实施而立刻消失，而是顽强地生存了下来，并以两种方式得以延续。一是韩国语在使用拼音的同时继续保留一些汉字；二是将汉字词转化为拼音的形式，深深植根于现代韩语的词汇中，如地图（지도）、人口（인구）、山水（산수）、출생（出生）、开发（개발）等。特别值得一提的是，虽然韩国语是拼音文字，但仍旧与汉字一样，是方块字形，这是与日本、越南等其他"汉字文化圈"国家现行文字最大的不同。

由于上述种种原因，在现代韩语中，除少数固有词外，汉字词（汉音词）仍占很大一部分。虽然目前关于汉字词在韩语中的具体比例尚存争议，但学术界普遍认为至少应占50%。

正是由于词汇发音接近而语法差异悬殊，因此韩国留学生在学习汉语过程中存在明显的正负迁移现象。这一问题已引起中韩很多学者的注意，有关这方面的研究正在深入展开。

二　对韩汉语教学研究现状

随着中韩政治、经济、文化交流的不断深入，对韩汉语教学领域呈现出一派生机勃勃的景象。特别是进入21世纪以来，考察韩国留学生学习汉语的特点，从语音、词汇、语法和教材编写等方面开展有针对性的研究和中韩对比性的研究逐渐增多，集中表现在以下几个方面：

第一，语音方面②。

---

① 朴钟锦．韩国语与世界韩国语教学［J］．北京第二外国语学院学报，1998．1：93

② 朱英月．韩国语汉字音声母与普通话声母的比较［J］．汉语学习，2000．2；任少英．韩国汉字音和普通话声调的对应关系［J］．汉语学习，2003．6：41～44；刘江娜．中级汉语水平的韩国留学生声调偏误问题研究［D］．天津师范大学硕士学位论文，2006年；郭宏．韩国学生汉语学习中语音偏误例析［J］．西南民族大学学报，2007．7：197～199

第二,汉字和词汇方面①。

第三,语法方面②。

第四,教材编写和课程教学方面③。

第五,理论介绍或研究综述等④。

国际汉语教育的迅速推广为对外汉语教学研究提供了千载难逢的机遇,但机遇同时也是挑战。随着对外汉语教学的深入展开,教学中存在着的一些少慢差费现象日益凸现,主要表现在以下几个方面:

1. 针对韩国留学生的国别化汉语教材研发及有针对性的对韩教学还不成体系。以前对于"请进来"的不同国别留学生,我们一般根据汉语水平混班教学,多采用统一的教材进行授课。但近年来随着来华留学生的增多,按照已有的对外汉语教材(包括听力、口语、阅读、

---

① 黄贞姬.《汉语水平汉字等级大纲》中的汉字与韩国教育用汉字构词能力的比较[J]. 汉语学习,2000.1;李大农. 韩国学生"文化词"学习特点探析——兼论对韩国留学生的汉语词汇教学[J]. 汉语学习,2000.6;宋尚美. 汉韩同义词对比研究——以名词为例[J]. 汉语学习,2001.4;王庆云. 韩国语中的汉源词汇与对韩汉语教学[J]. 语言教学与研究,2002.5;全香兰. 针对韩国人的汉语教学——"文字代沟"对外汉语教学的启示[J]. 汉语学习,2003.3;70~76;吕春燕. 朝鲜语中的同义叠加现象研究[J]. 解放军外国语学院学报,2004.3;38~41;潘先军. 汉字基础在韩国留学生汉语学习中的负迁移[J]. 辽宁教育行政学院学报,2004.3;62~64;甘瑞瑗. 国别化"对外汉语教学用词表"制定的研究:以韩国为例[D]. 北京语言大学博士学位论文,2005

② 肖奚强. 韩国学生汉语语法偏误分析[J]. 世界汉语教学,2000.2;柳英绿. 韩汉语被动句对比——韩国留学生"被"动句偏误分析[J]. 汉语学习,2000.6;33~38;曹秀玲. 对朝鲜语为母语的学生汉语宾补共现句习得的研究[J]. 延边大学学报,2000.8;68~71;丁安琪,沈兰. 韩国留学生口语中使用介词"在"的调查分析[J]. 语言教学与研究,2001.6;18~2;金珍我,汉语与韩语量词比较[J]. 世界汉语教学,2002.2;施家炜. 韩国留学生汉语句式习得的个案研究[J]. 世界汉语教学,2002.4;毕玉德,刘吉文. 现代朝鲜语句子语义结构类型研究[J]. 民族语文,2002.5;52~58;柳英绿. 韩汉语比较句对比[J]. 汉语学习,2002;韩在均. 韩国学生学习汉语"了"的常见偏误[J]. 汉语学习,2Q03.4;67~71;林美淑. 对韩汉语教学离合词研究[D]. 山东大学博士学位论文,2005;刘雯娜. 对韩汉语量词教学探讨[D]. 复旦大学硕士学位论文,2006

③ 方欣欣. 中高级水平韩国学生的教学重点[J]. 汉语学习,2001.5;64~74;鲍丽娟,由田. 关于韩国留学生阅读课教学的思考[J]. 长春大学学报,2003.5;36~37;韩容洙. 韩国汉语教学概观[J]. 汉语学习,2004.4;崔秉珍. 韩国汉语教学法研究[D],吉林大学硕士学位论文,2006;关颖. 浅析韩国高中生的汉语教学[J]. 海外华文教育,2006.3

④ 金兰. 北大汉语中心韩国硕士生论文述评[J]. 汉语学习,2002.1;王军. 韩国高中汉语教学概况及师资分析[J]. 国外汉语教学动态,2004.4;38~41;杨浩亮 韩国仁济大学的中文教学[J]. 世界汉语教学,2005.4;曹秀玲. 东北亚汉语教学的历史与现状综观[J]. 世界汉语教学,2008.3;125~133

语法、写作等），分不同课型对留学生开展教学的方法却常常行不通了。我国以往出版的对外汉语教材，一般不考虑国别特点，属于通学通用教材，注释一般采用英文或日文，近年来虽然也出现韩语注释，但总的来说在教学内容设置和词汇重点演练上对韩国留学生的特点考虑不足。

目前韩国留学生占有相当大的比例，如何结合韩国学生的特点，开展有针对性的教学正在成为很多对外汉语教师思考和关注的焦点问题。国家汉办主任许琳（2006年）曾说："在对外汉语教学中，常常会发现一种怪现象：出境外派的教师，大都是按照国内编好的教材教学生的，到国外以后，教着教着学生们就都跑光了。"可见根据不同国家文化习俗和民族信仰，综合考虑不同国别学生学习汉语特点，编写有针对性的汉语教材已经成为当前汉语教学的重要问题。

2. 教学中缺乏汉语作为母语教学与第二语言教学的区别。汉语教学中难点很多，汉字难写、词汇难辨、语法难懂，采用什么样的教学方法才能让留学生在较短的时间内提高汉语？《美国孔子学院问题逐渐浮现》一文指出："中国内地派出的中文教师尽管教学经验丰富，但对外国人学中文的特点，以及海外的语言环境掌握不够；而且采取填鸭式教学，对待学生的方法、态度，根本无法使外国学生接受[①]。"这些问题提示我们，如果在教学中忽视母语教学与第二语言教学的差异，用教中国学生的办法来教外国学生是行不通的。

目前国内外语言工作者对汉、韩语法形态进行了大量研究，取得了令人瞩目的成果。但这些研究一部分是以母语学习者为对象，而且多侧重于意义研究。中国各大学对外汉语专业在进行语法教学时，大多侧重于讲解语法形态的意义，区分意义的程度强弱和语感的差异。对于母语使用者来说，这些讲解是十分必要并行之有效的。但对第二语言初学者来说，由于他们刚刚跨进学习的大门，缺乏感性知识，在意义程度的强弱和语感的差异上都不好把握，这样的讲解也难以收到预期的效果。

3. 尚未形成多学科联合作战，教学研究缺乏严密的实验依据。对

---

① 美国孔子学院问题逐渐浮现 [N]. 参考消息，2007.2.1，第8版

外汉语教学还处于起步阶段,教学和科研的科学性尚需加强。在母语和第二语言教学领域的大部分语言教学研究文章集中于归纳学生语音、词汇等的偏误类型,结合教学经验提出关于口语课、阅读课、精读课等不同课型的教学方法。缺乏跨学科研究,未将留学生语言的获得放在吸收认知语言学、心理学等现有成果的大背景下进行研究,对语言信息的记忆、储存和提取等缺乏理论分析和实证研究。

以对韩汉语阅读教学为例。阅读是一个复杂的认知过程,涉及视觉信息的知觉与编码、字词识别、语义提取以及句法分析等一系列过程,是一个从辨识字、词开始,直到理解句子、篇章为止,自下而上构建意义的过程。在这一过程中,词汇识别是其中关键一环。汉语不同于其他拼音文字的重要特点之一就是在汉语书面形式中,词与词之间没有明显的边界标记。这一特性使得韩国留学生在从一连串汉字中识别词语时遇到了一定的障碍。阅读汉语文本过程中,韩国留学生对信息的加工是以字为单位还是以词为单位?如果在汉语文本中插入词边界标记,是否对韩国留学生的阅读模式和阅读效率产生影响?

对于这些问题,目前在语言学界尚存有争议。这主要是受技术条件的限制,因为如果以阅读者的阅读成绩、阅读时间和读后访谈的方法来分析其阅读过程,往往在一定程度上存在着主观性,很难客观地了解读者在阅读过程中对信息进行加工的情况。虽然在目前的技术条件下,还不能清晰显现大脑是如何对阅读进行心理加工的,但研究表明,眼动是读者在阅读过程中外显的活动,阅读者的眼动模式与所读的文章有着密切的关系。因而,目前研究阅读过程最直接、最自然的方法之一就是眼动记录法[①],即通过眼动仪记录阅读者即时、连续的眼动数据,通过对这些数据进行精细的分析,进而较为准确地推测阅读者在阅读过程中的认知加工过程。眼动仪所提供的一些量化数据,不仅有助于我们深入了解阅读者的阅读过程,也对探索阅读过程的本质具有重要意义,如促进汉语认知加工模型的建构等,并为汉语阅读教学提供理论依据,对改进阅读教学方法起重要作用。

---

① Underwood G Batt V. *Reading and understanding: an introduction to the psychology of reading* [J]. Oxford: Blackwell Publishers Ltd, 2001: 166~176

综上所述,虽然近年来针对韩国留学生学习汉语的研究逐渐增多,教学领域呈现出一派生机勃勃的景象,但是针对韩国留学生学习汉语的心理特点、认知机制的专门教学研究还很少有人涉及,因此有关这方面的研究还有待于进一步深入挖掘。

第三章 眼动记录法及在汉语阅读研究中的应用

一 眼动记录法的起源及发展

人们日常所获取的信息中80%～90%来自于视觉对信息的采集，因此早在19世纪就有人通过考察人的眼动来研究人的心理活动。所谓"眼动"，就是眼球的运动。人的眼球运动有三种基本类型：注视（fixation）、眼跳（saccade）和追随运动（pursuit movement）。为了看清某一物体，两只眼睛只有保持一定的方位，才能使物体在视网膜稳定成像。这种将眼睛对准物体的活动叫做注视。为了实现和维持获得对物体的最清楚的视觉，眼睛还必须不停地进行跳动。通常我们看物体时可能并没有觉察到眼睛的跳动，一般会觉得眼睛是在平滑地移动。其实不然，人的眼睛总是先在物体的一部分上停留一段时间，注视以后又跳到另一部分上，再对新的部分进行注视。人眼动的轨迹是由许多注视停顿和小的眼跳组成的。追随运动是指当注视着的物体运动时，为了能保持清楚的成像，眼球追随着这一物体移动的现象。

如何准确地记录人的眼球运动，这是眼动研究至关重要的问题。近一百多年来心理学家及有关专家们一直致力于改进眼动记录技术的工作，他们进行着不懈的努力和探索并取得了一定的成就。

眼动记录技术的发展进程呈现出以下三个方面的特点：

第一，记录的准确性不断提高。

准确性是眼动记录技术不断改进和提高的目标，推动眼动技术从最早的用肉眼直接观察的直接观察法，到机械记录法（利用人角膜凸起的特点，通过一个杠杆将眼睛与记录装置连接，机械记录角膜运动的情况），再到光学记录法（包括利用反光记录眼动和利用照相、摄像法等记录眼动），一直到眼动仪的发明和广泛应用。虽然在眼动记录法的发展过程中，人们使用观察法和机械记录法等一些现在看起来比较原始方法发现了一些十分重要的眼动现象,如贾瓦尔(Javal)用观察法发现了眼跳。但由于这些方法的准确性不高,随着眼动研究的不断深入,它们显然已不能满足实验要求,逐渐被淘汰了。

计算机技术的发展大大促进了眼动研究的展开。通过计算机,不但使图像、文本等的呈现更加方便,而且使眼动数据的记录、分析等更加准确、快捷。现在,眼动记录装置都与计算机联机进行实验数据记录,对于眼动数据的统计处理也完全由计算机实现,大大提高了眼动记录的准确性。

第二,应用领域不断扩大。

从贾瓦尔(Javal)采用眼动法对篇章阅读进行研究算起,眼动研究已经进行了一百多年。一百年来,人们一方面将原有的记录技术不断改进,使之更精确、更方便、更快捷;另一方面,有关的科研人员不断地探索新的更加理想的眼动记录方法,如电磁感应法,使得眼动记录技术朝着多用途发展。如目前一些最新研制的眼动仪既可以进行阅读方面的研究,同时也可以进行视觉研究、神经病学研究、神经生理学研究、医疗诊断等。

传统的眼动记录法主要应用于对字、词、句以及图形等阅读方面内容的分析和研究,随着科学技术的不断发展,眼动研究不断向纵深发展。近20年来眼动研究不仅在阅读研究各领域,也在工效学、体育运动、广告、美学鉴赏等方面取得了丰硕的成果。

第三,更加具有生态效应。

在早期的眼动研究中,被试往往需要在头上或眼睛上戴某些装置,如接触镜片、吸盘等,有的实验甚至需要对人眼睛的有关部位进行局部麻醉。这一方面缺乏人文关怀,给被试带来了不便和痛苦,同时也使实验条件下的阅读与正常条件下的阅读相去甚远,使研究的精度受到影响。

当前的眼动仪一般是利用角膜反光的原理制成的。角膜是人眼球表面凸出来的,能够反射落在它表面的光。当眼球运动时,角膜对来自固定光源的光的反射角度也是随之变化的。这样就可以通过记录角膜反光来分析眼球的运动。

随着眼动技术的不断发展和眼动仪设计的不断完善,在实验时只要求被试坐在椅子上注视前方电脑屏幕上所呈现的内容即可,被试在实验中很少有不适的感觉,甚至根本意识不到有红外光线照射在眼睛上。随着眼动仪的不断更新换代和"以人为本"思想的深入人心,现在的眼动实验不仅对被试毫无伤害,而且也使得阅读情境更接近于自然的阅读情境,提高了实验结果的信度和效度。

以美国应用科学实验室(ASL)生产4200R型眼动仪为例。被试坐在椅子上注视前方屏幕呈现的刺激物,一束红外光线照射在被试的眼睛上,第一台电视摄像机(称瞳孔摄像机)监视着被红外线照射后反射回来的瞳孔图像,第二台电视摄像机(称定位摄像机)监视被试的头部,瞳孔摄像机、定位摄像机和红外线光源这三部分被安装在一个金属箱内,称为"光学头"(optical head),光学头放在被试的前下方。第三台电视摄像机(称取景摄像机)放在被试的身后,监测被试所看的刺激物。这三台摄像机所监视的内容被输送到主机的三台监视器中,在与第三台电视摄像机连接的取景监视器上,既有被试所看到的刺激,又有被试注视点移动的情况。主试可以通过主机所提供的外接输出端口(眼动仪主机为用户提供了视频输出接口、模拟和数字输出接口)用录像机将取景监视器上的内容全部记录下来,同时,也可以用与主机连接的电子计算机记录眼动数据[①]。

通过眼动仪,研究者可以对阅读者的阅读过程进行即时测量,取得用其他方法无法得到的大量的、连续的眼动数据,如被试的注视点、注视位置、注视次数、注视持续时间、瞳孔直径等,并可绘出眼动轨迹图。在这些数据的基础上进一步进行分析,可得出阅读者在阅读过程中的眼动模式与篇章的词汇、语句、语段及句法、篇章特征等有哪些密切而复杂的关系,从而深化了人们对阅读信息加工过程的了解。

二 我国眼动研究发展的历史和现状

阅读眼动研究的历史至今已逾百年,但对大多数中国人来讲,眼动研究还是很陌生的。其实针对汉语的眼动研究起步并不晚,早在20世

---

① 阎国利. 眼动分析法在心理学研究中的应用(修订版)[M]. 天津:天津教育出版社,2004:31~32

纪二十年代就已经有了，目前最早可查的有关汉语的眼动研究是沈有乾1925年在斯坦福大学所进行的，距今已有80多年了[①]。

虽然针对汉语的眼动研究起步较早，但由于第二次世界大战、战后世界的冷战格局等使我国与西方国家的学术交流被迫中断，因此我国阅读眼动研究远远落后于欧美国家。随着与世界各国经济文化交流的不断加强，在20世纪80年代终于迎来了阅读眼动研究的春天。

由于国外阅读眼动实验研究大多数是以英语为母语的被试为研究对象来展开的，探讨英语阅读中的眼动规律。而汉语和英语在很多方面存在着差异，例如，汉字是表意文字，单位面积内容纳的信息量大，以汉语为母语的读者在阅读汉语课本时的眼动轨迹、知觉广度等都与英语有很大差异。汉语的句法、语法等也不等同于英语。此外，汉语中一些独特的现象（如成语）也使汉语篇章加工中的整合和心理表征建构不同于英语。因此西方阅读眼动研究的结果并不完全适合于汉语。我们走过了一段借鉴国外理论经验，洋为中用的道路，直到20世纪90年代初，国内有关汉语的眼动研究才逐渐活跃。

针对汉语篇章阅读的眼动研究具有重要的理论意义和现实意义。汉语是一种表意文字，不同于英语、法语等拼音文字。汉语也是目前世界上使用人数最多的语言，在汉语阅读眼动方面进行系统研究，不仅有助于建构汉语认知加工模型，更将为丰富国际现有阅读认知机制研究做出自己的贡献。同时，眼动研究对语言教学，特别是阅读教学具有重要的理论指导意义，深入对篇章阅读的理论研究，构建理论模型，加强理论联系实际，有助于切实提高阅读教学水平，提高学生阅读能力和阅读效率。

针对汉语篇章的阅读眼动研究一经展开，这方面的研究即以星火燎原之势迅速发展。目前国内近百所大专院校和科研机构购买了眼动仪，眼动研究正如雨后春笋般开展着。

梳理我国新时期（20世纪90年代以来）篇章阅读的相关眼动研究，可以总结归纳为以下两方面：

1. 对不同年龄阶段学生汉语阅读的发展研究

阅读是一种复杂的认知活动，学生在不断学习的过程中，随着年龄

[①] 阎国利，白学军. 中文阅读过程的眼动研究［J］. 心理学动态，2000.3：19～20

的增长，阅读能力在逐渐提高。眼动研究数据可以量化学生阅读发展中的各项指标，不仅使我们清楚地了解学生阅读能力的发展过程，更可以比较个体差异，开展有针对性的阅读教学。

白学军、沈德立（1995）用眼动仪对小学三年级、五年级和大学生阅读课文时的眼动过程进行了研究[①]。实验材料是依据"故事语法"（story grammar）编写的描述日常生活事件的记叙文，共5篇。每篇课文由6句话和3个根据句子验证技术（sentence verification technology）编写的问题组成。研究得出了如下结论：(1) 随着学生年级的升高，阅读速度显著增加，其中大学生组的阅读速度显著高于小学生组，而小学生之间的差异不显著。(2) 随着学生年级的升高，对课文内容的注视次数减少，大学生组和小学生组之间差异显著，小学生组内差异也显著。同组对课文每个句子的注视次数也随年级升高而减少。注视次数的多少同句子在课文中的重要性大小有关，重要性越大，注视次数越多。(3) 在读课文时，大学生组比小学生组的注视频率高、注视点持续时间少、注视广度大，而眼跳潜伏期上则没有差异。(4) 大学生组对课文内容的回视次数显著低于小学生组。

阎国利（1999）对小学五年级、初中二年级、高中二年级和大学生阅读科技文章的眼动过程进行了研究[②]。结果发现：(1) 从阅读速度、阅读理解的正确率及阅读效率上看，都表现出明显的年龄特征。就阅读速度而言，从小学五年级到大学阶段，阅读速度不断提高。从小学五年级到初中二年级，从高中二年级到大学是阅读速度提高比较快的两个年龄阶段。(2) 随着年龄的增长，学生的阅读知觉广度逐渐增加。在阅读一般难度的科技文章时，小学五年级、初中二年级、高中二年级和大学生的阅读知觉广度分别是2.64、2.85、2.95和3.01。(3) 学生的心理负荷与瞳孔直径的变化有一定的关系。当加工文章中的重要内容时，瞳孔直径增加。瞳孔直径可以作为考察阅读者心理负荷的一个重要指标。

陈向阳（2000）对小学五年级、初中二年级和高中二年级学生阅读

[①] 白学军，沈德立. 初学阅读者和熟练阅读者阅读课文时眼动特征的比较研究 [J]. 心理发展与教育，1995.2：1～7；白学军，沈德立. 不同年级学生读课文时眼睛注视方式的研究 [J]. 心理科学，1996.1：6～10

[②] 阎国利. 阅读科技文章的眼动过程研究 [D]. 华东师范大学博士学位论文，1998

寓言和句子的眼动过程进行了研究①。结果发现：（1）不同年级学生对同一难度课文阅读理解成绩的差异，在小学五年级与初中二年级之间显著，在初中二年级与高中二年级之间不显著。（2）不同年级学生阅读同一难度课文的眼动模式也有一定差异。在小学五年级与初中二年级之间有四项指标（眼跳距离、注视点持续时间、注视次数和回视次数）差异显著或非常显著；在初中二年级与高中二年级之间只有一项指标（眼跳距离）差异显著。（3）同一年级学生对不同难度课文的阅读理解成绩存在显著差异；其眼动模式亦存在一定差异，但材料难度对不同年级学生眼动模式的影响不同。（4）同一年级学生在阅读课文中重要性不同的内容时，其眼动模式差异表现为阅读重要信息时，在每个字上平均注视时间增加、眼跳距离减小、注视点持续时间加长、瞳孔直径增大（表明心理负荷增大）。（5）不同年级学生对句子阅读理解成绩的差异不显著；但阅读句子时眼动模式却有一定差异。从小学五年级到初中二年级也是对句子阅读理解能力发展的一个重要时期。（6）对句子的早期加工不仅仅是句法加工，还包含语义加工，表现为词汇信息被识别后就即时被用于句子加工。

陶云（2001）对小学五年级、初中二年级和高中二年级学生阅读带插图课文与单纯文字课文的眼动过程进行了研究②。结果发现：（1）阅读不同呈现方式和难度课文的阅读理解指标和眼动指标，不同年级学生具有明显的年龄发展特征。其中从小学五年级到初中二年级主要是学生阅读不同呈现方式易课文阅读理解能力发展的一个重要时期；而从初中二年级到高中二年级则主要是学生阅读无图难课文阅读理解能力发展的重要时期。（2）不同年级学生阅读不同呈现方式课文的阅读理解指标和眼动指标，有图课文大多显著优于无图课文。插图对课文的阅读理解整合具有明显地促进作用。（3）不同年级学生阅读不同难度课文的阅读理解指标和眼动指标，易课文显著优于难课文。

2. 在各领域的应用研究

随着汉语阅读眼动研究的不断深入，涌现出大量根据研究成果对阅

---

① 陈向阳. 不同年级学生阅读课文和句子的眼动研究 [D]. 天津师范大学博士学位论文，2000

② 陶云. 不同年级学生阅读有或无配图课文的眼动实验研究 [D]. 天津师范大学博士学位论文，2001

读教学提供切实指导的应用性研究，研究热点主要集中于如何提高大、中、小学生快速阅读的能力。

在快速阅读方面，阎国利等人进行了眼动实验研究，主要包括大学生快速阅读科技说明文和小学生快速阅读训练两方面。阎国利（1999）对大学生快速阅读科技文章的眼动进行了研究[①]。实验材料为四篇科技文章，每读完一篇文章，要求被试回答一个问题，问题的类型有两种，或是概括类问题（概括文章的中心思想），或是记忆类问题（涉及文章中的某个细节）。共包括三个实验，研究者分别考察了：（1）实验组（经过短期的快速阅读的强化训练）同对照组（未经快速阅读训练而要求其以最快的速度进行阅读）之间在眼动模式和阅读效率上的差别；（2）实验组（经过短期的快速阅读的强化训练）同对照组（以正常速度阅读）之间的眼动模式和阅读效率；（3）实验组（未经快速阅读训练而要求其以最快的速度阅读）同对照组（以正常速度阅读）之间的眼动模式和阅读效率的差别。得出如下结论：（1）对于有一定难度的科技文章，如果只是以理解文章大意和中心思想为阅读目的，可以用快速阅读法。但是要详细地理解细节内容，需要一定的时间作保证，不适宜采用快速阅读方式。（2）经过快速阅读训练，可以有效地减少回视次数，在一定程度上增加阅读知觉广度，快速阅读训练是有效的。（3）在没有经过快速训练的情况下，在阅读过程中盲目追求高速度不利于对文章主要内容的理解。研究者根据其实验结果，对已有快速阅读训练方法、对快速阅读所能达到的速度等问题提出了质疑。

阎国利（2000）通过设置实验班和对照班，研究了经过18周快速阅读训练的小学生实验班与对照班的眼动情况[②]。结果发现：二者在阅读成绩上虽没有差异，但是实验班在阅读时间和阅读速度上都显著优于对照班，这说明快速阅读训练是有效的。连续的眼动数据能够揭示被试在快速阅读过程中的信息加工特点，对数据进行分析，发现实验班的注视次数、回视次数都显著地少于对照班，而注视频率则比对照班高。从而得出以下结论：（1）快速阅读训练可以显著地提高小学生阅读速度而

---

① 阎国利. 阅读科技文章的眼动过程研究［D］. 华东师范大学博士学位论文，1998
② 阎国利，吕勇，刘金明. 小学生快速阅读训练的眼动研究［J］. 天津师范大学报，2000.4：27~30

不影响其阅读成绩。(2) 快速阅读训练可以有效地减少阅读时间。(3) 快速阅读训练可以有效地减少注视次数、回视次数，提高注视频率。

此外，近20年来，也有一些学者学习借鉴国外研究的成果，洋为中用，使眼动研究应用的领域不再局限于阅读研究各领域，同时也在工效学①、体育运动②、广告③、美学鉴赏④等方面取得了一定的成果。

有关汉语篇章阅读的眼动研究已经走过了十多年的实证研究之路，也已取得了丰富翔实的研究结论，提高了我们对篇章阅读理解和汉语认知过程的认识，更为指导中小学生阅读教学提供了重要的理论依据。但由于我国篇章阅读眼动研究起步较晚，发展时间较短，理论积累还远远不够，加之对篇章认知过程的研究已经挖掘到人类意识、思维的最深层，对于阅读汉语篇章中眼动研究的难度远远超乎我们的想象。因此目前研究中也存在着一定问题，其中主要表现为研究对象的选取尚存在局限性。

从整体来看，在我国篇章阅读的眼动研究中，研究对象是大、中、

---

① 刘颖，沈模卫. 菜单界面设计的认知工效学研究方法 [J]. 应用心理学，2000.2：43～47；刘伟等. 眼动测量系统及其在工效学中的应用 [J]. 航空学报，2001.5：385～389；水仁德等. 速度、步幅与窗口对引导式中文文本阅读工效的影响 [J]. 心理科学，2001.2：141～144；沈模卫，陈新，陶嵘. 平滑滚动引导式和快速系列视觉呈现式中文文本阅读工效研究 [J]. 心理科学，2001.4：393～395；冯成志，沈模卫. 视线跟踪技术及其在人机交互中的应用 [J]. 浙江大学学报，2002.2：225～232；沈模卫，冯成志，苏辉. 用于人—计算机界面设计的眼动时空特性研究 [J]. 航天医学与医学工程，2003.4：304～306；柳忠起等. 基于模拟飞行任务下的眼动指标分析 [J]. 中国安全科学报，2006.2

② 张忠秋等. 自行车运动员专项认知水平眼动特征的实验研究 [J]. 中国体育科技，2001.8：6～8；蔡赓等. 女子跳马运动评分过程中裁判员的眼动研究 [J]. 山东体育学院学报，2001.4：45～46；张运亮等. 专家与新手篮球后卫运动员的眼动研究 [J]. 心理与行为研究，2004.3：534～538；漆昌柱. 运动员高级认知过程研究的方法范式探析 [J]. 武汉体育学院学报，2004.6：160～163

③ 闫国利，白学军. 广告心理学中的眼动研究和发展趋势 [J]. 心理科学，2004.2：459～461；丁锦红，王军，张钦. 平面广告中图形与文本加工差异的眼动研究 [J]. 心理学探新，2004.4：30～34；杨海波，段海军. MP3播放器外观设计效果的眼动评估 [J]. 心理行为与研究，2005.3；白学军等. 平面香水广告版面设计的眼动研究 [J]. 心理行为与研究，2006.3；程利，杨治良，王新法. 不同呈现方式的网页广告的眼动研究 [J]. 心理科学，2007.3

④ 沈德立等. 关于不同书法经验者在书法字审美过程中的眼动特点研究 [J]. 心理学报，2000增刊；闫国利，田宏杰. 乐谱阅读过程的眼动研究 [J]. 心理与行为研究，2003.4：307～310；陶云等. 明代家具要和现代家居审美偏好的眼动研究 [J]. 心理行为与研究，2006.3

小学的学生，通过分析他们之间的差异，进行发展比较研究。研究者之所以选取学生群体作为研究对象，可能主要是从目前教学的需要出发，力求使理论为教学服务，为教学提供可供借鉴的心理学依据。但从科学研究的角度看，以排除了婴幼儿、成年人及老年人后的研究对象进行阅读眼动研究存在着难以弥补的缺欠，尚难以实现完全意义上的阅读眼动研究。瑞纳（Rayner）在展望未来眼动阅读研究时就曾指出，成年人乃至老年人篇章阅读眼动研究也是未来的研究方向之一[①]。从生命全程观的角度来看，对婴幼儿、成人乃至老年人的研究也有助于我们洞悉伴随生命全程的阅读认知加工形成和发展的全过程。

另外，随着我国经济的发展和对外交流的不断加强，在世界范围内出现了"汉语热"，大批外国学生涌入我国学习汉语，而目前心理学界针对这一显著群体的研究明显滞后。不断深入以汉语作为第二语言教学的研究同样具有重要的理论意义和现实意义，有助于建构汉语认知加工模型，并对目前国际阅读认知机制研究做出自己的贡献。因此，应该开阔研究视野，只有包括了婴幼儿、中小学生、大学生、成人直至老年人等不同年龄阶段的研究对象和不同国别的研究对象阅读篇章、图片、图表、路标等更广意义上的汉语阅读材料[②]的研究才能说是真正意义上有关汉语阅读的眼动研究。

由于篇章阅读是人类独有的一种心理活动，它不仅是对字词的感知和识别，更重要的是达到对材料主题思想的理解，进而领会其深层意义。从认知心理学的角度讲，阅读理解是一种获取意义的认知加工过程。阅读是手段，理解是认知主体（阅读者）和认知客体（阅读材料）相互作用的桥梁，而意义获得则是阅读理解的目的。鉴于阅读理解对于人类具有如此重要的意义，所以对阅读理解的研究一直是心理学、语言学和教育学所共同的核心研究领域。而跨文化阅读心理研究则更是当今心理学界十分重视、投入精力最多的热点问题之一。

---

① Rayner K. Future Directions for Eye Movement Research [J]，心理与行为研究，2004，2：492～493

② Kouider，Mokhtari，Carla A. Reichard. Assessing Students' Metacognitive Awareness of Reading Strategies [J]，*Educational Psychology*，2002，94：249～259

三 本研究的理论意义与实践意义

阅读研究的历史至今已逾百年，但作为长盛不衰的研究主题之一，在跨入新世纪的今天，阅读研究依然焕发着青春的魅力。随着当前汉语国际推广工作如火如荼地展开，跨文化汉语阅读研究逐渐成为当今语言学和心理学界所关注的热点问题之一。

本研究就是在这样的背景下展开的。选取韩国留学生为被试，进行跨文化研究。借助眼动仪来记录留学生在汉语文本阅读过程中注视时间、注视点次数、注视持续时间、眼跳和瞳孔直径变化等眼动指标，用以揭示留学生在阅读不同文体汉语篇章时的认知加工过程，力求最大限度揭示他们阅读汉语之谜。

本研究的创新之处主要表现在以下三方面：

1. 采用先进的眼动技术，进行跨学科、跨文化的实验研究

由于韩国留学生来华学习汉语的热潮兴起于20世纪90年代初，距今仅十余年；国内对眼动仪的介绍和引进也始于20世纪90年代初，应用眼动仪对中国人母语阅读的研究也很少，以留学生为被试展开的跨文化比较研究则更为少见。另外由于本研究涉及语言学、对外汉语教学和心理学等学科的交叉，又有很强的针对性，需要长时间的调查与实践，因此国内外很少有人进行系统研究，可以说有关汉语文本阅读中眼动模式的跨文化比较研究还是一块处女地。本研究采用科学的实验方法对语言现象进行研究，具有开拓性，将有助于今后语言研究的深入展开。

2. 既具有生态效应，也具有很强的应用价值和现实意义

目前对于留学生汉语阅读舒适度的研究开展得还不多，汉语教材版面及内容设置等多来源于经验，缺乏实证依据。本着"以人为本"、"一切为了学生"的原则，本研究力求取得一些量化数据，为对外汉语教材的版面设计及内容编排提供可靠的参考，使教材的版面设计更加科学化、人性化，有利于留学生更愉快、更舒适地阅读。

3. 具有一定的理论意义和实践价值

由于本研究的选题来自对外汉语教学实际需要，目的在于解决当前教学中实际存在的问题，加之韩国留学生是目前来华留学生的主体，最

多时占全部来华留学生的半数以上,近年韩国留学生数仍超过来华总人数的30%,因此本研究应用前景十分广阔。实验所取得的结果有助于确定韩国留学生阅读中的难点,不仅有助于改进他们的阅读方法,提高阅读效果,还有助于韩国留学生汉语认知加工模型的建构。针对韩国留学生的汉语阅读进行实证研究,并在此基础上构建汉语阅读模型,将有助于当前国际汉语推广工作的深入开展,对国际汉语推广具有重要的现实意义。

第四章 韩国留学生阅读有无词界标汉文本的眼动研究

一 问题的提出

在英语、法语等拼音文字中,存在着明显的词界标,即词与词之间存在着空格,空格能清楚地将句子划分成一个个独立的词语单元。例如:I love you very much.(我很爱你)。这样读者阅读时可以很容易辨别出词语,进而对词进行视觉编码,激活心理词典的语义表征,最终达到语义通达。而汉语阅读则不然,在世界上现存的语言中,汉语是唯一的非拼音文字,汉语的句子是由一连串连续的字和词组成的,没有明显的词界标。这也正是汉语区别于英语、法语等拼音文字的重要特点之一。

(一)国外以拼音文字为对象的相关实验研究

在拼音文字的书写系统中,空格的插入清楚地标示出词单元,词既是书写单位也是意义单位,因此以往关于词边界问题研究多是以拼音文字为对象的。

一些以英语母语者为对象的研究发现,在英语文本中取消词界标后,阅读者的阅读速度明显下降。Rayner(1996/1998)发现,如果在英语文本中无法获得词界标信息,阅读者的阅读速度将降低50%,即阅读者阅读无词界标(空格)的文本难于插入词界标的文本[1]。研究还发现删除词界标后,使得阅读者对所选定目标词的注视时间增加,受词频影响加大,即缺乏词界标直接干扰阅读者对词语的识别。此外,删除词界标对阅读者注视词语的第一次注视点也产生了影响,即阅读者的眼

---

[1] Rayner K., & Pollatsek A. Reading unspaced text is not easy: Comments on the implications of Epelboim et al.'s study for models of eye movement control in reading [J]. *Vision Research*, 1996, 36 (3): 461~465

动模式也受到影响①。

Kajii、Nazir 以及 Osaka（2001）记录了阅读者阅读日语时的眼动②。日语文本是由日本汉字、平假名、片假名三种不同的书写系统混合构成。日本汉字多表意且有多种发音，平假名常用于标志语法结构，而片假名主要用于书写外国名和外来语。Kajii 等人考察了在没有字界标条件下阅读者加工文本的情况，日本汉字、平假名和片假名这三种不同类型的文本哪种更能吸引阅读者的注视。结果发现：（1）日本阅读者加工无字界标的日本汉字文本相对容易，但读者所采取的眼跳定位策略与英语母语读者在阅读无词界标的英语文本时的眼跳定位策略大不相同。（2）日本汉字作为词素，是表征意义的单元，它比平假名和片假名更能吸引注视。

Sainio，Hyöna，Bingushi & Bertram（2007）记录了日本读者阅读纯平假名（表音文本）以及日本汉字与平假名混合（表意加表音文本）的正常无界标文本和插入词界标（空格）文本时的眼动情况③。结果发现，当文本仅表音而不包含表意的日本汉字时，插入词界标有助于读者对词语的识别。研究者认为平假名的词界标起到了一种有效的词切分线索的作用，但在日本汉字与平假名混合的文本中，插入词界标是多余的，因为日本汉字显著的视觉特征就已经起到了一种词切分线索的作用。

Khosom & Gobet（1997）发现在泰国语的词间插入界标（空格）能促进阅读④。泰语和汉语相似，在书面文本中不存在词边界标记。他们在泰语文本中插入词界标（空格），结果发现虽然泰国阅读者对插入词界标这种形式并不熟悉，但阅读插入词界标语段的时间少于正常无界标的语段。不过，这项研究仅以被试阅读语段的时间为指标，并未考察被

---

① Rayner K., Fischer M. H., & Pollatsek A. Unspaced text interferes with both word identification and eye movement control [J]. *Vision Research*, 1998, 38 (8): 1129~1144

② Kajii N., Nazir T. A., & Osaka N. Eye movement control in reading unspaced text: The case of Japanese script [J]. *Vision Research*, 2001, 41 (19): 2503~2510

③ Sainio M., Hyöna J., Bingushi K., & Bertram B. The role of interword spacing in reading Japanese: An eye movement study [J]. *Vision Research*, 2007, 47 (20): 2575~2584

④ Kohsom C. & Gobet F. Adding spaces to Thai and English: Effects on reading [J]. *Proceedings of the 19th Annual Meeting of the Cognitive Science Society*, 1997, 19: 388~393

试的眼动情况。

(二) 国内外以汉语为对象的相关实验研究

国外阅读眼动实验研究大多数是以拼音文字为母语的研究对象来展开的，探讨的是拼音文字阅读中的眼动规律。而汉语和英语、法语等拼音文字在很多方面存在着差异，例如，汉字是表意文字，单位面积内容纳的信息量大，以汉语为母语的读者在阅读汉语课本时的眼动轨迹、知觉广度等都与拼音文字有很大差异。汉语的句法、语法等也不等同于拼音文字。因此以拼音文字为基础展开的阅读眼动研究的相关结果并不完全适用于汉语。

随着汉语的国际推广，学习汉语的人越来越多，国内外一些研究者逐渐把目光投到汉语阅读的眼动研究上，近年来考察在汉语中添加词界标是否对阅读产生影响的研究逐渐增多。

目前可见的最早的在汉语中添加词界标的研究中是 Liu，Yeh，Wang 和 Chang 在 1974 年进行的。研究者预期词界标（空格）的插入可以提高汉语阅读速度。他们以汉语母语者为被试，以速示器上呈现句子的识别阈限为指标。但结果与他们的预期恰恰相反，实验组被试阅读词间插入词界标汉语文本的阅读速度比控制组（阅读未插入空格的同内容汉语文本）更慢。研究者推断，可能由于汉语母语者已经习惯了传统的无词界标文本的呈现方式，而空格的加入反而改变了被试阅读的视觉环境，打乱了被试原有的阅读习惯，最终使得被试阅读速度降低。

许百华、朱海（1997）考察了最佳视觉呈现方式对汉语阅读的影响[①]。在他们的研究中，自变量为文本呈现形式，分为词、1个汉字、2个汉字、3个汉字、4个汉字等五个水平。因变量为15名汉语母语者在五种实验条件下的理解正确率、阅读速度和阅读效率。结果发现，插入词界标对阅读速度有明显影响，而对阅读正确率无明显影响。插入词界标条件下的阅读速度并未好于以固定字数同时显示的方式，插入词界标条件下的阅读速度低于一次4字的呈现方式。研究者推断这可能是由于作为汉语母语者，被试在词切分上已经达到自动获取意义的程度，人为

---

① 许百华，朱海. RSVR 显示方式下影响中文阅读的主要因素 [J]. 心理科学，1997.1：138～150

切分未产生显著的促进作用,而且设置词界标导致每一次显示的文本长度不等,被试无法预测下一次显示长度,破坏了阅读的空间定势。

沈模卫等人(2001)考察了词切分对汉语母语者阅读的影响[①]。实验自变量为两种窗口条件(10字,20字)以及汉字、词语和非词空格三个水平的步幅,因变量为短文阅读理解的正确率。结果发现,词步幅影响了引导式汉语文本显示条件下的阅读,10字窗口条件下词步幅效应显著,但20字窗口条件下词步幅效应不显著。

Hus 和 Huang(2000)考察了以"词"作为视觉呈现单位时,被试阅读理解的情况[②]。实验要求被试在计算机屏幕上阅读正常无词界标文本或插入了词界标的文本。自变量为词间空格条件,分为正常无空格、半角空格和全角空格三种。因变量为被试的阅读速度和回答阅读理解问题的正确数。实验结果表明,设置词界标的主效应显著,阅读时间和正确回答问题的数目在不同组间有显著差异。在半角空格或全角空格条件下,被试的阅读时间较少,而且文本难度和词间空间水平之间存在交互作用。研究者分析认为这可能是因为当文章较难时,被试不熟悉文章的词汇句法结构,而词界标的插入能够将词作为一个知觉单位和意义加工单元而明确地独立出来,便于被试阅读。但是,实验设计采用的是被试间设计,每种条件下仅有三名被试,而且每个被试只读了三个语段,每段大约仅含250个词。因此,Hsu 和 Huang 的结果似乎欠缺一定的说服力。

高珊(2006)以19名拼音文字背景的中级水平汉语学习者为被试进行研究[③],实验的自变量为切分方式(有、无)、句子长度(长、短)和句子难度(难、易)。被试阅读句子,研究者记录被试的阅读时间,并通过调查问卷考察被试对汉语文本插入词界标的主观态度。结果发现,插入词界标条件下的主效应显著,被试阅读插入词界标的句子所花费的阅读时间最短,多数被试在问卷中报告阅读汉语句子时加入词界标

[①] 沈模卫,李忠平,张光强. 词切分与字间距对引导式汉语文本阅读工效的影响[J]. 心理学报,2001,33(5):410~415

[②] Hsu S-H., & Huang K. C. Effects of word spacing on reading Chinese text from a video display terminal [J]. *Perceptual & Motor Skills*,2000,90(1):81~92

[③] 高珊. 词切分信息对留学生汉语阅读的影响[D]. 北京语言大学硕士学位论文,2006

对文本理解有帮助。研究者认为词界标的插入使词的识别更加容易，母语为拼音文字的留学生习惯了插入词界标的书面形式，并形成了相应的阅读策略。词界标的插入使得汉语在一定程度上将书写单位与意义单位统一起来，因此便于识别。高珊（2004）在一项研究插入词界标对日韩留学生汉语阅读影响的实验中，采用3×3两因素混合设计，被试汉语水平为被试间因素，分为初、中、高级（母语者）三个水平；视觉空间条件为被试内因素，分为正常无界标、插入词界标和随机切分词语（形成非词）三个水平。结果显示汉语水平的主效应非常显著，视觉空间条件的主效应也非常显著，而且正常无界标和插入词界标条件下的句子阅读速度没有显著差异。不同的视觉空间呈现条件对于不同汉语水平者的阅读产生了相似的影响，对于初、中、高级汉语水平读者，插入词界标并未促进读者的阅读速度，但任意切分形成非词后明显降低了读者阅读句子的速度。

Everson（1986）通过眼动实验考察词界标对阅读者阅读策略的影响[1]。实验中以初级非母语、高级非母语和汉语母语三个水平的汉语能力为被试间变量，以插入词界标和正常无词界标两个水平的视觉空间水平为被试内因素，以注视时间、注视频率、回视比率、阅读速度和阅读理解水平为因变量进行考察。实验中要求不同汉语水平的被试读同一篇汉语短文。其中汉语母语者为来自中国的研究生，初级和高级非汉语母语被试为俄亥俄州立大学以汉语为第二语言的美国学生。实验结果表明：在注视频率、注视时间和阅读速度上，语言能力水平的主效应显著，而且在注视频率上语言能力和视觉空间条件之间存在交互作用。在回视率上，语言能力和视觉空间条件的主效应均达到了显著水平。从阅读理解水平看各因素均无显著作用。Everson认为，相对于初级非汉语母语组和母语者组，高级非母语组受到设置词界标的影响最大。在阅读插入词界标的汉语文本时，高级非汉语母语组被试在阅读插入词界标条件下的文本时注视次数显著多于正常无空格条件下的注视次数，词界标似乎产生了某种干扰作用，但是对于汉语母语者和初级非汉语母语者未

---

[1] Everson M. E. The effect of word-unit spacing upon the reading strategies of native and non-native readers of Chinese: An eye-tracking study [R]. *Unpublished doctoral dissertation*, *The Ohio State University*, 1986

发现这种干扰作用。研究者认为这可能是由于高级非汉语母语的被试已经形成了阅读正常无界标汉语文本时所使用的知觉策略，词界标的加入反而破坏了已形成的知觉策略和阅读模式，因此对阅读形成了一定的干扰。

Inhoff 等（1997）考察了汉语母语者在三种呈现条件下阅读句子的眼动情况[①]。实验中设置了正常无界标、插入词界标和随机插入界标三种水平。结果发现总注视时间、平均注视时间、平均眼跳幅度在三种视觉条件下没有显著差异。对于这一结果，研究者认为可能是由于一些实验技术和方法上的原因造成的。例如，实验中所使用的眼动仪空间分辨率和采样率（50Hz）均较低，无法采集到可靠数据。而且，插入界标的操作本身也有一定问题，因为插入的界标过小，潜在上是无效的。

白学军、闫国利等（2007）考察了中国大学生在阅读正常无界标、插入词界标、插入字界标和人为插入非词界标四种呈现条件下阅读汉语句子的眼动模式。结果发现被试在四种呈现条件下的平均注视时间、平均眼跳幅度、向前眼跳次数、总注视次数、向后眼跳次数、句子阅读时间以及阅读速度灯指标上均有显著差异。被试在正常无界标条件下的平均注视时间最长，平均眼跳幅度最小。实验者认为这是由于在正常无界标条件下，字与字之间的排列相对更加密集紧凑，单位空间内信息密度最大，被试在其知觉广度一定的情况下需延长注视时间才能充分提取和加工信息。同时还发现，在句子阅读时间这一指标上，正常无界标条件下与插入词界标条件下无显著差异，这表明中国大学生被试在这两种条件下阅读效率相近，而在人为插入界标形成非词与插入字界标的条件下阅读时间更长。实验局部分析数据结果与整体分析数据结果一致。发现被试在插入词界标与正常无界标条件下所花费的句子加工时间几乎相同，但在插入词界标条件下出现了更多较短的注视，这表明插入词界标的汉语文本形式并未干扰被试阅读，同时也证明阅读者信息加工的单元是词，而非汉字。

综上所述，将英语等拼音文字按照是否划分词界标进行的阅读研究

[①] Inhoff A. W. & Liu W. The perceptual span and oculomotor activity during the reading of Chinese sentences [J]. *Journal of Experimental Psychology: Human Perception & Performance*，1998，24，20～34

已经有 30 多年的历史,也已取得了丰富翔实的研究结论,提高了我们对拼音文字认知加工过程和阅读理解步骤的认识。但将汉语划分词界标后展开阅读研究的历史却不长,运用眼动仪开展的实证研究只是近几年的事情。虽然取得了一些成果,但也存在着很多问题,如上述研究中的被试多为汉语母语者,且研究结果存在很不一致的现象。这主要是由于我国篇章阅读眼动研究起步较晚,发展时间较短,理论积累还远远不够,加之对篇章认知过程的研究已经挖掘到人类意识、思维的最深层,因此对于阅读汉语篇章中眼动研究的难度远远超乎我们的想象。

由于汉语文本无词界标的特性,因此读者在对视觉输入进行编码并在心理词典中找到其最佳匹配之前,首先要把词语从文本中切分出来。也就是说,在阅读汉语文本的过程中,读者首先需要辨别文本中的汉字是一个独立的词还是组成词的一个语素。对于以汉语为母语的中国阅读者而言,由于长期生活在汉语环境中积累了丰富的阅读经验,对词语的识别已经达到了近乎自动化的程度,因此在阅读中即使缺乏词界标信息,也很少遇到词切分的困难,词切分近乎是一种自动的无意识的行为。因此插入词界标对母语阅读者汉语词语识别和阅读理解的促进作用似乎不大,有时不但没有产生促进作用反而产生阻碍作用。但对于母语非汉语的外国留学生而言,他们在阅读汉语文本时,在缺乏明确的词界标的情况下,有时很难从一串连续的汉字中识别出一个独立的词,常常因把两个词中的字错误地切分到一起而出现阅读理解障碍。

谢海燕(2006)提出,留学生在阅读汉语时常会出现连停不当的情况。例如朗读"奥委会考察团圆满结束考察南京"这句话时,一位汉语已经达到中级水平的留学生第一次的停顿为:奥委/会考察/团圆/满/结束/考察/南京[1]。词切分错误的出现会直接导致词义理解有误,进而也会影响句义乃至语篇的理解。这个例子并不极端,在对外汉语教学中,留学生阅读汉语文本时因为切分词错误而出现阅读理解障碍是一种极为普遍的现象。

韩国留学生的母语是韩语。韩国在历史上属于汉字文化圈的国

---

[1] 谢海燕. 中高级留学生汉语阅读词界识别能力研究 [D]. 暨南大学硕士学位论文, 2006

家，受中国的影响很大。虽然现在韩语是拼音文字，但仍是方块字形，在书面文本中词与词之间存在着明显的词边界标记。如：당신은 저를 도와주실수 있습니까？（你能帮助我吗？）

如果在汉语文本中插入词界标，是否会提高韩国留学生的阅读效率？在这样的想法下，我们以韩国留学生为被试进行实验研究，考察在正常的汉语文本中人为地插入词界标是否能够促进他们的汉语阅读。

本研究重点考察有无词界标是否影响韩国留学生阅读汉语文本的效率？阅读汉语文本时，韩国留学生对信息的加工单位是字还是词？希望研究结果有助于教材排版方式的完善和改进，提高留学生的阅读效果，并在此基础上构建基于韩国留学生的汉语文本认知加工模型，对目前国际阅读认知机制研究做出自己的贡献。

二 前期问卷调查

在进行眼动试验研究以前，我们首先设计了一份调查问卷，初步调查韩国留学生阅读汉语时是否因为母语中有词界标、汉语中缺乏词界标，而影响他们汉语文本的阅读模式和阅读效率。

（一）研究方法

1. 调查对象

调查对象为天津师范大学和天津外国语学院两所高校的60名韩国留学生。共发放问卷60份，收回有效问卷54份。

2. 测量工具

测量工具为自编的主观态度调查问卷，见附录1。

3. 施测程序

调查问卷的施测时间为2008年6月初，施测地点为天津师范大学国际交流学院教室，采用团体施测的方式进行。

（二）结果与分析

问卷调查的结果详见表3。

1. 阅读汉语文本时，大多数韩国留学生（92.3%）表示阅读时会因缺乏词边界信息而出现阅读障碍。其中一半以上的韩国留学生（69.2%）表示，如在汉语文本中插入词界标，将有助于阅读理解。

2. 一半以上的韩国留学生（65.4%）表示，出现这种阅读障碍主要是在学习汉语的最初阶段。

3. 部分韩国留学生表示在句子结构很难（46.2%），出现很多不认识的词语（35.17%），对文章内容不熟悉（21.43%），或者句子字数较多（11.5%）时，如果句中插入明确的词界标，将有助于对句义的理解。

表3 问卷调查结果

1. 汉语句子中，词与词之间没有边界。你是否因为这种情况，在阅读中遇到困难？

A. 是的，有。	B. 不，没有。
92.3%	7.7%

2. 在汉语学习的什么阶段有过这种困难？

A. 遇到过，在我刚刚开始学习汉语的时候。	B. 遇到过，但是没有关系，不影响我的阅读。	C. 几乎没有遇到过，我觉得很习惯。
65.4%	23.1%	11.5%

3. 当你阅读汉语句子的时候，你觉得在词之间增加边界标记会帮助你吗？

A. 有帮助，我可以读得更快。	B. 有帮助，我可以理解得更好。	C. 没有帮助，反而增加了阅读的难度。	D. 没有帮助，反而增加了阅读的时间。
11.5%	69.2%	3.8%	15.5%

4. 你觉得在阅读哪种文章的时候，如果可以在词之间加入边界标记可以促进你的阅读？

A. 句子很长的时候。	B. 句子结构很难的时候。	C. 有很多不认识的词的时候。	D. 文章内容很不熟悉的时候。
11.5%	46.2%	35.17%	21.43%

前期问卷调查结果初步显示韩国留学生主观认为由于汉语文本中未插入词边界标记而影响他们阅读汉语。那么实际阅读的具体情况是否如此呢？于是我们在问卷调查的基础上编制实验材料，进行眼动实验研究。

三 眼动实验研究

(一) 本研究中涉及的"词"的概念及相关问题

1. 本研究中"词"的概念

在任何科学里给最一般的概念下定义都是比较困难的。在语言学上要给"词"下一个概括的、确切的定义也很不容易,这是因为词是声音和意义的统一体,既是词汇的基本单位,又是语法构造的单位。因而对词的概念历来争论颇多。

对于现代汉语中词的概念,本研究采用了最通行的说法,认为"词是语音和语义的结合体,是最小的直接构成句子的语言单位"。在具体实验中切分词的时候基本上采用了王力先生提出的意义、插入和转换等方法,同时参考了《现代汉语词典》、《汉语水平词汇与汉字等级大纲》等工具书中对词条的收录情况。

汉字作为与汉语相适应的文字系统,基本上是一个单音节形式的汉字记录一个单音节形式的语素。现代汉语以双音词为主,因而基本上是两个汉字记录一个双音节词。根据当代韵律构词法的理论研究,现代汉语的标准音步是双音节音步,也就是说现代汉语中基本上是两个汉字对应一个双音节音步,对应一个双音节词。这也就使得词与韵律之间存在着内在的统一性。

2. 本研究中所涉及的几项眼动指标

使用眼动仪对被试阅读情况做即时测量时,眼动仪可记录读者认知加工文本的注视点、阅读时间、眼跳距离等主要参数。本研究中所涉及的主要眼动指标如下:

(1) 注视点 (fixation) 指阅读者注视停留的地方,是反映阅读者对信息提取和加工的重要指标。

(2) 注视次数 (fixation count) 是阅读者阅读整个句子时注视点的总和。

(3) 兴趣区内注视次数 (fixation count) 是阅读者落在兴趣区内注视点的个数。

(4) 兴趣区内第一遍注视次数 (number of first pass fixations) 是

阅读者的注视点从第一次落在兴趣区开始到注视点离开该区域之间的所有的注视的次数的总和。这一指标表明被试对句子形成心理表征的快慢，第一次注视时间越短，表明形成心理表征的速度越快，第一次注视时间越长，表明形成心理表征的速度越慢。

（5）总阅读时间（total sentence reading time）是阅读者阅读整个句子的总时间，是反映阅读者对信息提取和加工的重要指标。

（6）总注视时间（total reading time）是阅读者注视点停留时间的总和。

（7）平均注视时间（mean fixation durations）是阅读者在注视点上注视停留时间的平均值（平均注视时间＝总注视时间÷注视点的个数）。

（8）兴趣区内首次注视时间（first fixation duration）是阅读者在兴趣区内第一个注视点的持续时间。

（9）兴趣区内单一注视时间（single fixation duration）是阅读者在首次注视中有且只有一次注视时的注视时间。单一注视时间是字词识别中语义激活阶段的重要指标。首次注视时间和单一注视时间这两个指标主要考察对兴趣区内信息的初步加工。首次注视时间和单一注视时间反映了对句子的早期识别过程，特别是对字或词的初级加工。

（10）兴趣区内凝视时间（gaze duration）是阅读者注视点落到兴趣区外之前，对当前所注视兴趣区的总的注视时间。凝视时间包括再注视时间，是一个反映较深层认知加工的指标，是单词加工的总体指标。首次注视时间和凝视时间二者都受到词频的影响，而凝视时间还受到文章中词语的可预测性影响。因此首次注视时间体现的是词存取的测量方法，而凝视时间反映了被试文本信息的整合。

（11）眼跳距离（saccade distance）：眼跳（saccade）是眼睛从一个注视点到另一个注视点的运动。眼跳距离是从一个注视点到下一个注视点的距离，是反映阅读效率和加工难易度的重要指标。眼跳距离大，说明被试注视一次所获得的信息相对较多，阅读效率较高；眼跳距离小，说明被试注视一次所获得的信息较少，也反映对阅读材料的理解有一定困难。眼动仪可自动记录向前眼跳次数（number of forward saccades）和向后眼跳次数（number of regressive saccades）。

（12）回视（regression），也称"向后眼跳"，指当阅读者的注视点已经跳过某一部分后,由于对所读内容理解困难、出现歧义、漏掉重要内容或发现句子与前文相照应时,注视点又返回前面区域进行再阅读的情况。

(13)平均眼跳距离(mean saccade lengths)是阅读者阅读过程中所有眼跳距离的平均值。

(14)向前眼跳距离(forward saccade length)是阅读句子时所有从左到右眼跳距离的平均值。

(15)向后眼跳距离(regressive saccade length)是阅读句子时所有从右到左眼跳距离的平均值。

(二)研究方法

1. 被试

被试为30名在天津师范大学国际交流学院学习汉语的韩国留学生,裸眼或矫正视力1.0以上,其中男女各半,平均年龄24岁。根据国家汉语水平考试(HSK)成绩分成语言能力高水平(HSK6级)和低水平(HSK3—4级)两组,每组15人。

2. 实验设计

实验采用2(语言能力:高、低)×4(呈现方式:正常无标记、插入词间空格、插入字间空格、任意插入空格形成非词)双因素混合实验设计。其中水平为被试间变量,呈现条件为被试内变量。

3. 实验材料

从《汉语水平词汇与汉字等级大纲》(2001年修订版)的甲级词表中选取词语,自造64个陈述句。每句所含汉字数在13到16之间,句中不含标点符号。由天津师范大学20名中国大学生对句子通顺性进行五点量表评定($M=4.59$,$SD=0.17$,5代表非常通顺),天津师范大学国际交流学院20名外国留学生对句子难度进行五点量表评定($M=2.26$,$SD=0.38$,1代表非常简单)。所有对句子难度进行评定的留学生均未参加正式实验。

实验包括四种呈现方式:正常无界标、插入词界标(词间空格)、插入字界标(字间空格)、任意插入空格形成非词,为表述简单,分别简称为正常无空格、词间空格、字间空格和非词空格,见图1。每个呈现方式下有16个句子。将四种呈现方式以拉丁方(Latin square design)顺序进行平衡，构成四组实验材料，每个被试只接受其中一组实验材料，所有句子均为随机呈现，见附录2。每种呈现方式下五个句子后附一个问题，问题针对刚刚读过的句子，以考察被试是否真正理解了句子。如果问题与句子的内容一致，被试口头报告"是"，不一致则报告"否"，因此每组实验材料一共20个问题，四组实验材料的问题都是相同的，10个问题的答案为"是"，10个问题的答案为"否"。正式实验前有12个练习句，每种呈现方式下三个句子，并针对每种条件下的一句话提出理解性问题，要求被试做出"是/否"判断，使被试进行练习，熟悉实验程序。

---

(1) 正常无空格（Normal unspaced condition）
我能够理解黑板上那些中文句子。

(2) 词间空格（Word spacing condition）
我 能够 理解 黑板 上 那些 中文 句子。

(3) 字间空格（Single character spacing condition）
我 能 够 理 解 黑 板 上 那 些 中 文 句 子。

(4) 非词空格（Nonword spacing condition）
我能 够理 解黑 板上 那 些中 文句 子。

图1 实验中四种呈现方式

4. 实验仪器

实验采用加拿大SR Research公司开发的EyeLink2000眼动仪。该设备由两台计算机组成，通过以太网连接。其中一台计算机呈现实验材料，另一台计算机记录眼动数据。被试眼睛的注视情况通过微型摄像机输入计算机，采样频率为每秒1000次。

实验材料呈现于19英寸显示器上，显示器的刷新率为150Hz，分辨率为1024×768。全部实验材料以白底黑字呈现在屏幕上，每一屏幕呈现一个句子，句子只占一行。显示器与被试眼睛之间的距离为91cm。所有汉字均以宋体21号字呈现，每个汉字大小为0.9cm×0.9cm（28×28像素）。

5. 实验程序

(1) 实验在主试的操作下对每个被试单独进行。

(2) 在被试进入实验室前，主试向被试简要介绍本实验的目的、所用仪器、施测程序以及注意事项,并对被试的疑问给予解答。

(3) 被试进入实验室,熟悉实验室环境,然后坐在距眼动仪 91cm 处,将下颌放在下颌托上并将前额贴在前额靠上,在实验过程中尽量保持不动。如果实验过程中觉得眼睛疲劳,报告主试后可中断实验稍作调整。

(4) 主试对被试进行眼校准,以保证被试眼动轨迹记录的精确性。

(5) 眼校准成功后,开始实验。

屏幕上首先呈现指导语:"请你认真阅读句子,尽可能理解句子的意思,并回答有关问题。"被试理解了指导语后,按手柄右键翻页,在屏幕中央左侧(提示下一句呈现的位置)出现一个黑色圆点,要求被试注视黑色圆点的同时按手柄右键,继续下一句阅读。

(6) 在正式实验前,被试先阅读 12 个练习句,以熟悉实验过程和要求。练习结束后屏幕出现"练习结束,以下是正式实验"。被试按键翻页开始正式实验。完成全部实验大约需要 20—25 分钟。

(三) 实验结果

1. 韩国留学生眼动指标的整体分析

对被试(F_1)和呈现方式(F_2)分别进行重复测量方差分析,结果见表 4。

表 4 韩国留学生汉语文本阅读整体指标的结果

		呈现条件			
		正常无空格	词间空格	字间空格	非词空格
平均注视时间(毫秒)	低水平组	244 (21)	221 (20)	214 (20)	234 (26)
	高水平组	250 (22)	226 (18)	221 (16)	240 (19)
句子阅读时间(毫秒)	低水平组	5912 (1253)	5477 (1271)	5714 (1217)	6569 (1503)
	高水平组	5006 (992)	4627 (980)	5054 (934)	5764 (998)
平均眼跳幅度(字)	低水平组	2.7 (0.5)	3.8 (0.7)	4.2 (0.6)	3.3 (0.5)
	高水平组	2.6 (0.5)	3.8 (0.5)	4.1 (0.6)	3.4 (0.5)
向前眼跳幅度(字)	低水平组	2.1 (0.3)	3.2 (0.5)	3.3 (0.5)	2.9 (0.4)
	高水平组	2.1 (0.3)	3.0 (0.4)	3.2 (0.4)	2.7 (0.4)

续表

		呈现条件			
		正常无空格	词间空格	字间空格	非词空格
向后眼跳幅度（字）	低水平组	5.2 (1.5)	7.1 (1.5)	8.9 (2.7)	6.2 (1.8)
	高水平组	5.6 (2.1)	7.9 (2.1)	8.8 (2.3)	6.8 (2.3)
注视次数（次）	低水平组	20.2 (4.4)	20.1 (4.5)	21.6 (4.5)	23.2 (5.6)
	高水平组	16.7 (3.1)	16.5 (3.0)	18.6 (2.8)	19.6 (2.9)
向前眼跳次数（次）	低水平组	13.3 (2.6)	13.7 (2.9)	15.8 (3.2)	15.7 (3.7)
	高水平组	11.6 (2.0)	12.1 (2.1)	14.3 (2.3)	14.1 (2.2)
向后眼跳次数（次）	低水平组	4.7 (1.5)	4.8 (1.2)	4.8 (1.4)	5.4 (1.5)
	高水平组	3.2 (0.9)	3.3 (1.1)	3.6 (0.9)	4.0 (0.9)

注：每栏数据为各因变量在四种条件下的平均值和标准差。

(1) 平均注视时间

语言能力主效应不显著，$F_1(1, 28) = 0.71$，$p > 0.05$；$F_2(1, 126) = 8.84$，$p > 0.05$，韩国汉语高水平学生与低水平学生在这一指标上无显著差异。

呈现条件主效应显著，$F_1(3, 84) = 84.0$，$p < 0.01$；$F_2(3, 378) = 91.28$，$p < 0.01$，四种呈现条件下的平均注视时间有显著差异。采用Tukey检验各呈现条件之间的差异，发现在平均注视时间上，韩国留学生在正常无空格条件下的平均注视时间显著长于其他条件下的平均注视时间（$p < 0.01$）。随着空格的插入，字间空格条件下，字与字之间以空格间隔开，信息密度最小，而正常无空格条件下，单位空间内的信息密度最大。注视时间的延长意味着加工难度的增大，由此可推断，韩国留学生在阅读正常无空格的文本时，对信息加工的难度最大，因此平均注视时间最长。而字间空格条件下，在一定知觉广度下，韩国留学生加工的信息最少，因此平均注视时间最短。

语言能力与呈现条件的交互作用不显著，$F_1(3, 84) = 0.08$，$p > 0.05$；$F_2(3, 378) = 0.09$，$p > 0.05$。

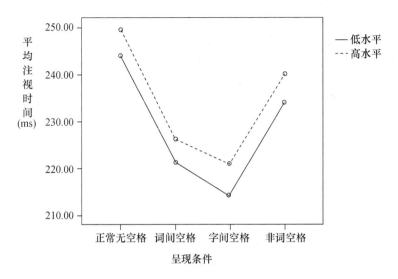

图 2　平均注视时间的比较

(2) 句子阅读时间

语言能力主效应显著，$F_1(1, 28)=4.28$，$p<0.05$；$F_2(1, 126)=31.17$，$p<0.05$，韩国汉语高水平学生阅读时间显著少于韩国汉语低水平学生的阅读时间。

呈现条件的主效应显著，不同呈现方式之间差异显著，$F_1(3, 84)=24.09$，$p<0.01$；$F_2(3, 378)=33.63$，$p<0.01$。随着空格的插入，句子长度发生变化，字间空格句子长度扩展为正常无空格句长的一倍；词间空格与非词空格条件下插入相同数量的空格，因此这两种条件下句长相等，但均长于正常无空格条件下的句子。结果发现词间空格条件下的句子阅读时间显著短于其他各条件下，非词空格条件下的句子阅读时间显著长于其他各条件下，字间空格与正常无空格条件下的句子阅读时间无显著差异。虽然词间空格句的句长明显长于正常无空格句，但韩国留学生阅读词间空格句的时间却显著短于正常无空格条件，这表明词界标的出现对于韩国留学生对汉语句子的信息加工起到了一定的促进作用。

语言能力与呈现条件的交互作用不显著，$F_1(3, 84)=0.31$，$p>0.05$；$F_2(3, 378)=0.58$，$p>0.05$。

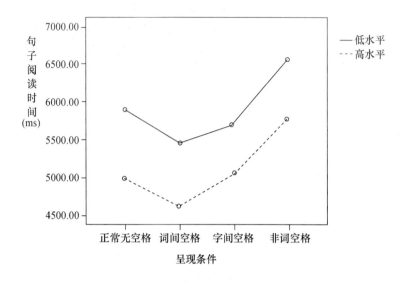

图3 句子阅读时间的比较

(3) 平均眼跳幅度

在平均眼跳幅度指标上，语言能力主效应不显著，$F_1(1, 28)=0.04$，$p>0.05$；$F_2(1, 126)=3.10$，$p>0.05$，韩国汉语高水平学生与低水平学生在这一指标上无显著差异，如图4所示。

呈现条件主效应显著，各呈现条件之间差异显著，$F_1(3, 84)=263.43$，$p<0.01$；$F_2(3, 378)=310.55$，$p<0.01$。韩国留学生在正常无空格条件下平均眼跳幅度显著短于其他各条件，在字间空格条件下平均眼跳幅度显著长于其他各条件。随着空格的插入，水平空间分布上汉字的密度逐渐减小，韩国留学生须加大眼跳幅度才能获得有用信息，因此平均眼跳幅度随空格的插入而逐渐加大。正常无空格条件下汉字水平分布密度最大，词间空格和非词空格下密度稍小，字间空格汉字密度最小，信息量也最小。因此，在一定的知觉广度下，韩国留学生在阅读信息量大的文本时倾向于做出较小幅度的眼跳，而在阅读信息量大的文本时，则倾向于加大眼跳幅度。值得注意的是，词间空格句与非词空格句均插入同等数量的空格，句子长度相等，但是结果发现非词条件下的眼跳幅度相对更小，这可能是由于非词句加工难度大，因此眼跳幅度相对更小。

语言能力与呈现条件的交互作用不显著,$F_1(3,84)=0.68$,$p>0.05$;$F_2(3,378)=1.34$,$p>0.05$。

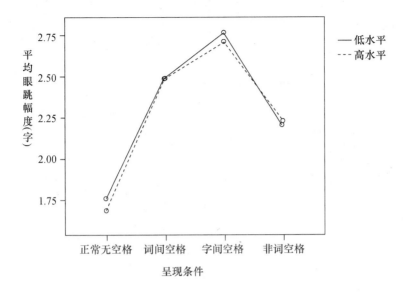

图 4 平均眼跳幅度的比较

(4) 向前眼跳幅度

语言能力主效应在被试上不显著,而在项目分析上显著,$F_1(1,28)=0.40$,$p>0.05$;$F_2(1,126)=30.11$,$p<0.01$。

呈现条件的主效应显著,$F_1(3,84)=419.17$,$p<0.01$;$F_2(3,378)=485.39$,$p<0.01$,各呈现条件之间有显著差异。韩国留学生在正常无空格条件下向前眼跳幅度最短,非词空格下稍长,词间空格下更长,字间空格下最长。这一结果很大程度上也是由信息密度变化引起的,与加入的空格数量和切分方式有关。正常无空格条件下,信息密度最大,被试眼跳幅度最短。同等句长下,词间空格条件下的向前眼跳幅度显著长于非词空格条件下的向前眼跳幅度,这说明词界标的出现促进了韩国留学生对句子信息的提取。

语言能力与呈现条件的交互作用不显著,$F_1(3,84)=0.03$,$p>0.05$;$F_2(3,378)=0.01$,$p>0.05$。

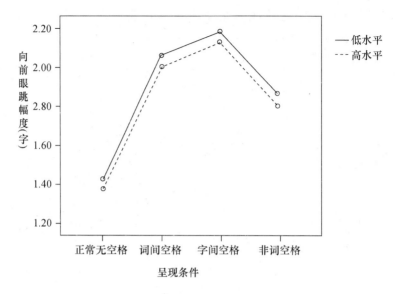

图 5　向前眼跳幅度的比较

（5）向后眼跳幅度

语言能力主效应不显著，$F_1(1, 28)=0.46$，$p>0.05$；$F_2(1, 126)=3.44$，$p>0.05$。

呈现条件主效应显著，$F_1(3, 84)=44.51$，$p<0.01$；$F_2(3, 378)=53.22$，$p<0.01$。韩国留学生在字间空格条件下的向后眼跳幅度显著长于其他条件下的向后眼跳幅度，经 Tukey 事后检验发现，各条件之间均有显著差异。这一结果也与空格插入引起句子信息密度的改变有关，句内信息越密集，韩国留学生眼跳幅度越小。

语言能力与呈现条件的交互作用不显著，$F_1(3, 84)=0.64$，$p>0.05$；$F_2(3, 378)=0.90$，$p>0.05$。

（6）注视次数

语言能力主效应显著，$F_1(1, 28)=6.31$，$p<0.05$；$F_2(1, 126)=50.77$，$p<0.01$，韩国汉语高水平学生注视次数显著少于低水平学生，也就是说韩国汉语低水平学生需要反复多次注视才能达到与高水平学生的理解程度。这也说明，随着语言水平的提高，韩国留学生阅读过程中的注视次数会逐渐减少。

呈现条件的主效应显著，各呈现条件在注视次数上有显著差异，

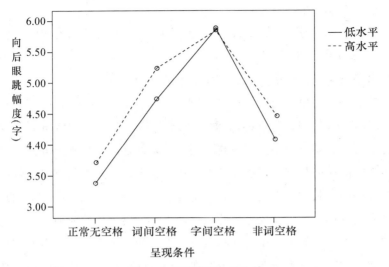

图 6　向后眼跳幅度的比较

$F_1(3,84)=23.79$，$p<0.01$；$F_2(3,378)=28.97$，$p<0.01$。韩国留学生在词间空格与无空格条件下注视次数之间无显著差异，且均显著少于字间与非词空格条件下的注视次数。在非词条件下的注视次数显著多于其他条件下的注视次数。

语言能力与呈现条件的交互作用不显著，$F_1(3,84)=0.23$，$p>0.05$；$F_2(3,378)=0.49$，$p>0.05$。

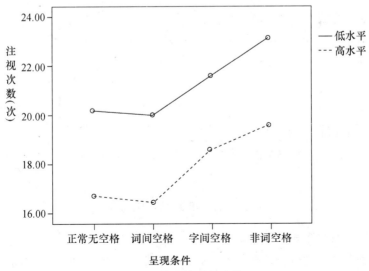

图 7　注视次数的比较

(7) 向前眼跳次数

语言能力主效应在被试分析上不显著,而在项目分析上显著,$F_1(1, 28)=2.96$,$p>0.05$;$F_2(3, 378)=31.70$,$p<0.01$,韩国汉语高水平学生向前眼跳次数少于低水平的学生。

呈现条件主效应显著,$F_1(3, 84)=52.73$,$p<0.01$;$F_2(3, 378)=56.70$,$p<0.01$。经 Tukey 事后检验发现,正常无空格与词间空格条件下无显著差异,字间空格与非词空格条件之间无显著差异。韩国留学生在字间空格与非词空格条件下比在正常无空格和词间空格条件下做出更多的向前眼跳。这是由于在字间空格条件下,空格切分出字边界,文本密度变小,为了获取更多的信息,必须做出更多的向前眼跳。在非词空格条件下,句子长度与词间空格条件下句子长度相等,但韩国留学生向前眼跳次数显著增多,这说明在非词空格条件下,他们必须不断向前搜寻,排除非词空格造成的干扰,重新将汉字整合成词语。

语言能力与呈现条件的交互作用不显著,$F_1(3, 84)=0.03$,$p>0.05$;$F_2(3, 378)=0.33$,$p>0.05$。

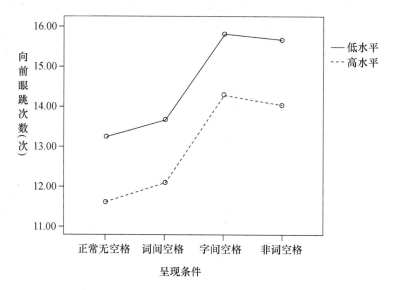

图 8 向前眼跳次数的比较

(8) 向后眼跳次数

语言能力主效应显著,$F_1(1, 26)=12.96$,$p<0.01$;$F_2(3, 378)$

=66.03，p<0.01。韩国汉语高水平学生向后眼跳次数显著少于低水平学生，这说明高水平学生对阅读过的信息理解更好，不需要较多的回视阅读。

呈现条件主效应显著，$F_1(3，84)=7.63$，$p<0.01$；$F_2(3，378)=9.22$，$p<0.01$，韩国留学生在非词空格条件下的向后眼跳次数显著多于其他条件下的向后眼跳次数，其他各条件之间无显著差异。这说明在非词条件下，韩国留学生必须排除空格造成的干扰，重新整合词语，将非词整合成词，因此加工难度增大，回视增多。

语言能力与呈现条件的交互作用不显著，$F_1(3，84)=0.32$，$p>0.05$；$F_2(3，378)=0.72$，$p>0.05$。

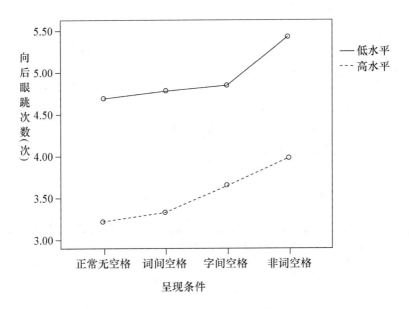

图9 向后眼跳次数的比较

2. 韩国留学生眼动指标的局部分析

本研究还采用了五种局部分析。局部分析是将句子中的某一部分划定为特定的兴趣区，专门考察被试在此区域内的注视情况，以反映被试在阅读过程中对某一特定区域的精细加工。本研究在每个句子中划分出包含词或字的兴趣区，数量为一至四个，每个兴趣区包含两个汉字，在第五种局部分析中对于单个汉字进行比较分析。在划定兴趣区时为了避免阅读开始或结束时注视的干扰，选取的兴趣区不位于句首或句尾。本研究采用以下五种局部分析：词间空格与非词空格条件下词的比较、字间空格与非词空格条件下词的比较、正常无空格与词间空格条件下词的比较、词间空格与字间空格条件下词的比较、字间空格与非词空格条件下字的比较。每种比较如图10所示，结果见表5～表9。

局部分析一：词间空格与非词空格条件下词的比较

我 能够 理解 黑板 上 那些 中文 句子。
　　　　　　　　　　　　　　　　　　词间空格

我能够理解黑板上那些中文句子。
　　　　　　　　　　　　　　　　　　非词空格

局部分析二：字间空格与非词空格条件下词的比较

I我 能够 理解 黑板 上 那些 中 文 句子。
　　　　　　　　　　　　　　　　　　字间空格

我能够理解黑板上那些中文句子。
　　　　　　　　　　　　　　　　　　非词空格

局部分析三：正常无空格与词间空格条件下词的比较

我能够理解黑板上那些中文句子。
　　　　　　　　　　　　　　　　　　正常无空格

我 能够 理解 黑板 上 那些 中文 句子。
　　　　　　　　　　　　　　　　　　词间空格

局部分析四：词间空格与字间空格条件下词的比较

我 能够 理解 黑板 上 那些 中文 句子。
　　　　　　　　　　　　　　　　　　词间空格

我 能 够 理 解 黑 板 上 那 些 中 文 句 子。
　　　　　　　　　　　　　　　　　　字间空格

局部分析五：字间空格与非词空格条件下字的比较

我 能 够 理 解 黑 板 上 那 些 中 文 句 子。
　　　　　　　　　　　　　　　　　　字间空格

我能 够理 解黑 板上 那 些中 文 句 子。
　　　　　　　　　　　　　　　　　　非词空格

图10　局部分析样例

第一种局部分析（见表5）是对词间空格与非词空格条件下包含两个汉字和一个空格的区域的比较。在划分兴趣区时，将词间空格条件下两个汉字及其之前的一个空格划入，而在非词空格条件下划入两个汉字及其之间的一个空格。这两种形式的划分保证两种条件下的兴趣区在物理空间大小、文字内容上完全一致，而仅有空格造成的文字分布不同。在词间空格条件下将词及词前空格划入兴趣区，这是因为在注视的过程中存在预视，被试在注视空格的同时也在对空格后的词进行着一定程度的初级加工，因此兴趣区中词前空格包含着对本词的加工，而词后空格包含的是对下一个词的加工，所以将词前而非词后的空格划入兴趣区。

表5 韩国留学生汉语文本阅读局部分析一的结果

语言能力	条件	FFD（毫秒）	SFD（毫秒）	Gaze（毫秒）	TT（毫秒）	FC（次）	TC（次）
低水平组	词间	230(31)	271(53)	389(64)	623(66)	1.7(0.2)	2.8(0.6)
	非词	235(19)	232(66)	446(80)	726(176)	1.9(0.3)	3.1(0.7)
高水平组	词间	235(34)	246(37)	380(57)	528(51)	1.7(0.2)	2.3(0.4)
	非词	240(28)	255(51)	444(69)	634(113)	1.8(0.2)	2.6(0.4)

注：每栏数据为各因变量在四种条件下的平均值和标准差。FFD为首次注视时间；SFD为单一注视时间；Gaze为凝视时间；TT为阅读时间；FC为第一遍注视次数；TC为注视次数。

在首次注视时间上，呈现条件的主效应不显著，$F_1(1, 28)=0.70$，$p>0.05$；$F_2(1, 126)=2.05$，$p>0.05$，词间空格条件下与非词空格条件下之间无显著差异。语言能力的主效应也不显著，$F_1(1, 28)=0.33$，$p>0.05$；$F_2(1, 126)=1.40$，$p>0.05$，无论是韩国汉语高水平学生还是低水平学生在兴趣区内首次注视的情况是相似的。呈现条件和语言能力之间交互作用不显著，$F_1(1, 28)=0.01$，$p>0.05$；$F_2(1, 126)=0.23$，$p>0.05$。

在单一注视时间上，呈现条件的主效应不显著，$F_1(1, 28)=1.10$，$p>0.05$；$F_2(1, 126)=1.13$，$p>0.05$。语言能力的主效应也不显著，$F_1(1, 28)=0.03$，$p>0.05$；$F_2(1, 126)=0.00$，$p>0.05$，呈现条件

和语言能力之间交互作用不显著，$F_1(1, 28)=2.77$，$p>0.05$；$F_2(1, 126)=2.37$，$p>0.05$。

在凝视时间上，呈现条件的主效应显著，$F_1(1, 28)=32.00$，$p<0.01$；$F_2(1, 126)=20.78$，$p<0.01$，词间空格条件下的凝视时间显著少于非词条件下。语言能力的主效应不显著，$F_1(1, 28)=0.07$，$p>0.05$；$F_2(1, 126)=0.22$，$p>0.05$，呈现条件和语言能力之间交互作用不显著，$F_1(1, 28)=0.11$，$p>0.05$；$F_2(1, 126)=0.02$，$p>0.05$。

在阅读时间上，呈现条件的主效应显著，$F_1(1, 28)=38.17$，$p<0.01$；$F_2(1, 126)=51.36$，$p<0.01$，词间空格条件下的阅读时间显著短于非词条件下的阅读时间。语言能力的主效应显著，$F_1(1, 28)=3.90$，$p<0.05$；$F_2(1, 126)=25.32$，$p<0.01$，韩国汉语高水平学生的阅读时间显著少于低水平学生。呈现条件和语言能力之间交互作用不显著，$F_1(1, 28)=0.00$，$p>0.05$；$F_2(1, 126)=0.03$，$p>0.05$。

在第一遍注视次数上，呈现条件的主效应显著，$F_1(1, 28)=16.53$，$p<0.01$；$F_2(1, 126)=23.99$，$p<0.01$，词间空格条件下的第一遍注视次数显著少于非词条件下。语言能力的主效应不显著，$F_1(1, 28)=0.72$，$p>0.05$；$F_2(1, 126)=3.00$，$p>0.05$。呈现条件和语言能力之间交互作用不显著，$F_1(1, 28)=0.29$，$p>0.05$；$F_2(1, 126)=0.14$，$p>0.05$。

在注视次数上，呈现条件的主效应显著，$F_1(1, 28)=31.17$，$p<0.01$；$F_2(1, 126)=25.94$，$p<0.01$，词间空格条件下的注视次数显著少于非词条件下。语言能力的主效应显著，$F_1(1, 28)=6.18$，$p<0.05$；$F_2(1, 126)=42.02$，$p<0.01$，韩国汉语高水平学生的注视次数显著少于低水平学生。呈现条件和语言能力之间交互作用不显著，$F_1(1, 28)=0.03$，$p>0.05$；$F_2(1, 126)=0.05$，$p>0.05$。

结果表明，韩国留学生的首次注视时间和单一注视时间，在词间空格与非词空格条件之间无显著差异，而且韩国汉语高水平学生与低水平学生之间无显著差异。韩国留学生的凝视时间、阅读时间、第一遍注视次数以及注视次数，在词间空格条件下显著优于非词空格条件。对于凝视时间和第一遍注视次数，韩国汉语高水平学生与低水平学生之间无显著差异。而在阅读时间和注视次数上，高水平学生优于低水平学生，这与整体分析指标结果一致。

第二种局部分析（见表6）是对字间空格与非词空格条件下包含两个汉字和一个空格的区域进行比较。

表6　韩国留学生汉语文本阅读局部分析二的结果

语言能力	条件	FFD（毫秒）	SFD（毫秒）	Gaze（毫秒）	TT（毫秒）	FC（次）	TC（次）
低水平组	字间	220(21)	234(37)	361(69)	523(112)	1.7(0.3)	2.5(0.5)
	非词	232(21)	230(64)	440(81)	712(177)	1.9(0.3)	3.1(0.6)
高水平组	字间	226(20)	232(22)	337(47)	453(81)	1.5(0.2)	2.0(0.3)
	非词	238(29)	255(51)	439(70)	622(107)	1.8(0.2)	2.6(0.4)

注：每栏数据为各因变量在四种条件下的平均值和标准差。FFD为首次注视时间；SFD为单一注视时间；Gaze为凝视时间；TT为阅读时间；FC为第一遍注视次数；TC为注视次数。

在首次注视时间上，呈现条件的主效应显著，$F_1(1, 28)=9.04$，$p<0.01$；$F_2(1, 126)=11.06$，$p<0.01$。语言能力的主效应不显著，$F_1(1, 28)=0.63$，$p>0.05$；$F_2(1, 126)=0.85$，$p>0.05$。呈现条件和语言能力之间交互作用不显著，$F_1(1, 28)=0.04$，$p>0.05$；$F_2(1, 126)=0.09$，$p>0.05$。

在单一注视时间上，呈现条件的主效应在被试分析上不显著，在项目分析上显著，$F_1(1, 28)=0.65$，$p>0.05$；$F_2(1, 126)=5.48$，$p<0.05$。语言能力的主效应不显著，$F_1(1, 28)=0.96$，$p>0.05$；$F_2(1, 126)=0.31$，$p>0.05$。呈现条件和语言能力之间交互作用不显著，$F_1(1, 28)=1.29$，$p>0.05$；$F_2(1, 126)=1.89$，$p>0.05$。

在凝视时间上，呈现条件的主效应显著，$F_1(1, 28)=105.99$，$p<0.01$；$F_2(1, 126)=81.95$，$p<0.01$，字间空格条件下的凝视时间显著少于非词条件下。语言能力的主效应不显著，$F_1(1, 28)=0.28$，$p>0.05$；$F_2(1, 126)=1.84$，$p>0.05$，呈现条件和语言能力之间交互作用不显著，$F_1(1, 28)=1.67$，$p>0.05$；$F_2(1, 126)=0.60$，$p>0.05$。

在阅读时间上，呈现条件的主效应显著，$F_1(1, 28)=95.57$，$p<0.01$；$F_2(1, 126)=122.76$，$p<0.01$，字间空格条件下的阅读时间显著少于非词条件下。语言能力的主效应在被试分析上边缘显著，在项目分析上显著，$F_1(1, 28)=3.69$，$p=0.065$；$F_2(1, 126)=20.94$，$p<0.01$，韩国汉语高水平学生的阅读时间显著少于低水平学生。呈现条件和语言能力之间交互作用不显著，$F_1(1, 28)=0.29$，$p>0.05$；$F_2(1, 126)=1.29$，$p>0.05$。

在第一遍注视次数上，呈现条件的主效应显著，$F_1(1, 28)=58.80$，$p<0.01$；$F_2(1, 126)=55.25$，$p<0.01$，字间空格条件下的第一遍注视次数显著少于非词条件下。语言能力的主效应在被试分析上不显著，在项目分析上显著，$F_1(1, 28)=1.92$，$p>0.05$；$F_2(1, 126)=1.84$，$p<0.01$。呈现条件和语言能力之间交互作用不显著，$F_1(1, 28)=4.58$，$p>0.05$；$F_2(1, 126)=2.37$，$p>0.05$。

在注视次数上，呈现条件的主效应显著，$F_1(1, 28)=91.96$，$p<0.01$；$F_2(1, 126)=85.58$，$p<0.01$，字间空格条件下的注视次数显著少于非词条件下的注视次数。语言能力的主效应显著，$F_1(1, 28)=7.17$，$p<0.05$；$F_2(1, 126)=36.25$，$p<0.01$，韩国汉语高水平学生的注视次数显著少于低水平学生。呈现条件和语言能力之间交互作用不显著，$F_1(1, 28)=0.02$，$p>0.05$；$F_2(1, 126)=0.51$，$p>0.05$。

结果表明，韩国留学生的首次注视时间、凝视时间、阅读时间、第一遍注视次数以及注视次数，在字间空格条件下显著优于非词空格条件。字间空格条件下注视时间更短，次数更少。对于首次注视时间、单一注视时间、凝视时间和第一遍注视次数，韩国汉语高水平学生与低水平学生之间无显著差异。而在阅读时间和注视次数上，高水平学生注视时间更短，注视次数更少，这与整体分析指标结果一致。

第三种局部分析（见表7）是对正常无空格与词间空格条件下包含两个汉字的区域进行比较，局部分析中两种条件下的兴趣区是完全相同的。

表7 韩国留学生汉语文本阅读局部分析三的结果

语言能力	条件	FFD（毫秒）	SFD（毫秒）	Gaze（毫秒）	TT（毫秒）	FC（次）	TC（次）
低水平组	正常	250(28)	255(28)	406(63)	630(110)	1.7(0.2)	2.6(0.4)
	词间	239(31)	245(47)	319(61)	484(128)	1.4(0.2)	2.1(0.5)
高水平组	正常	251(28)	257(38)	414(56)	579(102)	1.7(0.2)	2.3(0.5)
	词间	238(21)	243(26)	296(57)	396(66)	1.2(0.1)	1.7(0.2)

注：每栏数据为各因变量在四种条件下的平均值和标准差。FFD为首次注视时间；SFD为单一注视时间；Gaze为凝视时间；TT为阅读时间；FC为第一遍注视次数；TC为注视次数。

在首次注视时间上，呈现条件的主效应显著，$F_1(1, 28)=7.87$，$p<0.01$；$F_2(1, 126)=14.16$，$p<0.01$。语言能力的主效应不显著，$F_1(1, 28)=0.01$，$p>0.05$；$F_2(1, 126)=0.08$，$p>0.05$。呈现条件和语言能力之间交互作用不显著，$F_1(1, 28)=0.07$，$p>0.05$；$F_2(1, 126)=0.04$，$p>0.05$。

在单一注视时间上，呈现条件的主效应在被试分析上不显著，但在项目分析上显著，$F_1(1, 28)=2.98$，$p>0.05$；$F_2(1, 126)=13.88$，$p<0.01$。语言能力的主效应不显著，$F_1(1, 28)=0.01$，$p>0.05$；$F_2(1, 126)=0.42$，$p>0.05$。呈现条件和语言能力之间交互作用不显著，$F_1(1, 28)=0.10$，$p>0.05$；$F_2(1, 126)=1.61$，$p>0.05$。

在凝视时间上，呈现条件的主效应显著，$F_1(1, 28)=153.60$，$p<0.01$；$F_2(1, 126)=171.90$，$p<0.01$，正常无空格条件下的凝视时间显著长于词间空格条件下。语言能力的主效应不显著，$F_1(1, 28)=1.82$，$p>0.05$；$F_2(1, 126)=1.15$，$p>0.05$。呈现条件和语言能力之间交互作用不显著，$F_1(1, 28)=3.24$，$p>0.05$；$F_2(1, 126)=4.39$，$p>0.05$。

在阅读时间上，呈现条件的主效应显著，$F_1(1, 28)=110.93$，$p<0.01$；$F_2(1, 126)=137.86$，$p<0.01$，词间空格条件下的阅读时间显著少于正常无空格条件下。语言能力的主效应显著，$F_1(1, 28)=3.99$，$p<0.05$；$F_2(1, 126)=20.25$，$p<0.01$，韩国汉语高水平学生

的阅读时间显著少于低水平学生。呈现条件和语言能力之间交互作用不显著，$F_1(1, 28)=1.36$，$p>0.05$；$F_2(1, 126)=2.72$，$p>0.05$。

在第一遍注视次数上，呈现条件的主效应显著，$F_1(1, 28)=109.32$，$p<0.01$；$F_2(1, 126)=161.94$，$p<0.01$，正常无空格条件下的第一遍注视次数显著多于词间空格条件下。语言能力的主效应不显著，$F_1(1, 28)=0.91$，$p>0.05$；$F_2(1, 126)=4.04$，$p>0.05$。呈现条件和语言能力之间交互作用显著，$F_1(1, 28)=4.30$，$p<0.05$；$F_2(1, 126)=9.58$，$p<0.01$。

在注视次数上，呈现条件的主效应显著，$F_1(1, 28)=71.65$，$p<0.01$；$F_2(1, 126)=81.76$，$p<0.01$，正常无空格条件下的注视次数显著多于词间空格条件下。语言能力的主效应显著，$F_1(1, 28)=5.59$，$p<0.05$；$F_2(1, 126)=29.54$，$p<0.01$，韩国汉语高水平学生的注视次数显著少于低水平学生。呈现条件和语言能力之间交互作用不显著，$F_1(1, 28)=1.24$，$p>0.05$；$F_2(1, 126)=3.20$，$p>0.05$。

与阅读正常无空格的文本相比，韩国留学生阅读词间空格文本时阅读时间更短、注视次数更少。当阅读内容简单易懂时，阅读者才会花较少的时间阅读、注视点也较少，基于这一假设，数据显示插入词界标促进了韩国留学生的汉语阅读。结果表明，韩国留学生首次注视时间、凝视时间、阅读时间、第一遍注视次数以及注视次数，在词间空格条件下显著少于正常无空格条件下，对词间空格条件下兴趣区内信息的注视时间更短，注视次数更少。对于首次注视时间、单一注视时间、凝视时间和第一遍注视次数，韩国汉语高水平学生与低水平学生之间无显著差异。而在阅读时间和注视次数上，高水平学生注视时间更短，注视次数更少，这与整体分析指标结果一致。

第四种局部分析（见表8）是对词间空格与字间空格条件下的包含的两个汉字和一个空格的区域进行比较。在划定兴趣区时，将词间空格条件下两个汉字及其之前的一个空格划入，而在字词空格条件下划入两个汉字及其之间的一个空格。

表8 韩国留学生汉语文本阅读局部分析四的结果

语言能力	条件	FFD(毫秒)	SFD(毫秒)	Gaze(毫秒)	TT(毫秒)	FC(次)	TC(次)
低水平组	词间	229(30)	270(51)	384(58)	597(124)	1.7(0.2)	2.7(0.6)
	字间	220(21)	234(36)	359(47)	520(110)	1.6(0.3)	2.5(0.5)
高水平组	词间	233(34)	245(38)	376(48)	519(99)	1.7(0.2)	2.3(0.3)
	字间	225(20)	232(22)	335(47)	447(78)	1.5(0.2)	2.0(0.3)

注：每栏数据为各因变量在四种条件下的平均值和标准差。FFD为首次注视时间；SFD为单一注视时间；Gaze为凝视时间；TT为阅读时间；FC为第一遍注视次数；TC为注视次数。

在首次注视时间上，呈现条件的主效应显著，$F_1(1, 28)=4.00$，$p<0.05$；$F_2(1, 126)=5.52$，$p<0.05$。语言能力的主效应不显著，$F_1(1, 28)=0.30$，$p>0.05$；$F_2(1, 126)=1.55$，$p>0.05$。呈现条件和语言能力之间交互作用不显著，$F_1(1, 28)=0.02$，$p>0.05$；$F_2(1, 126)=0.14$，$p>0.05$。

在单一注视时间上，呈现条件的主效应显著，$F_1(1, 28)=9.06$，$p<0.01$；$F_2(1, 126)=12.64$，$p<0.01$。语言能力的主效应不显著，$F_1(1, 28)=1.24$，$p>0.05$；$F_2(1, 126)=1.64$，$p>0.05$。呈现条件和语言能力之间交互作用不显著，$F_1(1, 28)=2.00$，$p>0.05$；$F_2(1, 126)=0.15$，$p>0.05$。

在凝视时间上，呈现条件的主效应显著，$F_1(1, 28)=28.15$，$p<0.01$；$F_2(1, 126)=22.44$，$p<0.01$，词间空格条件下的凝视时间显著长于字间空格条件下。语言能力的主效应也不显著，$F_1(1, 28)=0.63$，$p>0.05$；$F_2(1, 126)=1.39$，$p>0.05$，呈现条件和语言能力之间交互作用不显著，$F_1(1, 28)=1.65$，$p>0.05$；$F_2(1, 126)=1.81$，$p>0.05$。

在阅读时间上，呈现条件的主效应显著，$F_1(1, 28)=41.82$，$p<0.01$；$F_2(1, 126)=40.18$，$p<0.01$，词间空格条件下的阅读时间显著长于字间空格条件下。语言能力的主效应显著，$F_1(1, 28)=4.33$，$p<0.05$；$F_2(1, 126)=19.26$，$p<0.01$，韩国汉语高水平学生的阅读时间显著少于低水平学生。呈现条件和语言能力之间交互作用不显著，

$F_1(1, 28)=0.05$, $p>0.05$；$F_2(1, 126)=0.80$, $p>0.05$。

在第一遍注视次数上，呈现条件的主效应显著，$F_1(1, 28)=9.83$，$p<0.01$；$F_2(1, 126)=9.57$，$p<0.01$。语言能力的主效应在被试分析上不显著，在项目分析上显著，$F_1(1, 28)=2.71$，$p>0.05$；$F_2(1, 126)=7.59$，$p<0.01$。呈现条件和语言能力之间交互作用不显著，$F_1(1, 28)=2.46$，$p>0.05$；$F_2(1, 126)=1.56$，$p>0.05$。

在注视次数上，呈现条件的主效应显著，$F_1(1, 28)=27.00$，$p<0.01$；$F_2(1, 126)=26.54$，$p<0.01$，词间空格条件下的注视次数显著多于字间空格条件下。语言能力的主效应显著，$F_1(1, 28)=7.34$，$p<0.01$；$F_2(1, 126)=32.67$，$p<0.01$，韩国汉语高水平学生的注视次数显著少于低水平学生。呈现条件和语言能力之间交互作用不显著，$F_1(1, 28)=0.05$，$p>0.05$；$F_2(1, 126)=0.46$，$p>0.05$。

结果表明，韩国留学生在词间空格条件下的首次注视时间、单一注视时间、凝视时间、阅读时间均显著长于字间空格条件下。在词间空格条件下的第一遍注视次数以及注视次数均显著多于字间空格条件下。这表明韩国留学生在兴趣区内对整词的加工比对由空格隔开的词语的加工要更充分。在首次注视时间、单一注视时间、凝视时间上，韩国汉语高水平学生与低水平学生之间无显著差异。但在阅读时间和注视次数上二者有显著差异，高水平学生注视时间更短，注视次数更少。

第五种局部分析（见表9）是对字间空格与非词空格条件下包含单个汉字的区域进行比较。考察当人为插入空格形成非词时，与字间空格相比，对于单个汉字的加工是否会产生干扰作用。

表9 韩国留学生汉语文本阅读局部分析五的结果

语言能力	条件	FFD（毫秒）	SFD（毫秒）	Gaze（毫秒）	TT（毫秒）	FC（次）	TC（次）
低水平组	字间	221(42)	227(56)	221(42)	286(71)	/	1.3(0.2)
	非词	222(32)	223(40)	222(32)	265(73)	/	1.2(0.2)
高水平组	字间	242(37)	242(34)	242(37)	265(34)	/	1.1(0.1)
	非词	224(39)	223(40)	224(39)	253(36)	/	1.1(0.2)

注：每栏数据为各因变量在四种条件下的平均值和标准差。FFD为首次注视时间；SFD为单一注视时间；Gaze为凝视时间；TT为阅读时间；FC为第一遍注视次数；TC为注视次数；/为无数值。

在各指标上，呈现条件的主效应均不显著，首次注视时间：$F_1(1, 28)=1.14$，$p>0.05$；$F_2(1, 126)=0.13$，$p>0.05$。单一注视时间：$F_1(1, 28)=1.60$，$p>0.05$；$F_2(1, 126)=0.33$，$p>0.05$。凝视时间：$F_1(1, 28)=1.14$，$p>0.05$；$F_2(1, 126)=0.13$，$p>0.05$。阅读时间：$F_1(1, 28)=1.53$，$p>0.05$；$F_2(1, 126)=0.24$，$p>0.05$。注视次数：$F_1(1, 28)=0.58$，$p>0.05$；$F_2(1, 126)=0.19$，$p>0.05$。各指标呈现条件与语言能力的交互作用均不显著。首次注视时间：$F_1(1, 28)=1.42$，$p>0.05$；$F_2(1, 126)=0.44$，$p>0.05$。单一注视时间：$F_1(1, 28)=0.59$，$p>0.05$；$F_2(1, 126)=0.10$，$p>0.05$。凝视时间：$F_1(1, 28)=1.42$，$p>0.05$；$F_2(1, 126)=0.44$，$p>0.05$。阅读时间：$F_1(1, 28)=0.11$，$p>0.05$；$F_2(1, 126)=0.15$，$p>0.05$。注视次数：$F_1(1, 28)=1.14$，$p>0.05$；$F_2(1, 126)=1.09$，$p>0.05$。在注视次数上，语言能力的主效应显著，$F_1(1, 28)=5.41$，$p<0.05$；$F_2(1, 126)=12.03$，$p<0.01$。在其他指标上，语言能力的主效应不显著。首次注视时间：$F_1(1, 28)=0.98$，$p>0.05$；$F_2(1, 126)=0.84$，$p>0.05$。单一注视时间：$F_1(1, 28)=0.34$，$p>0.05$；$F_2(1, 126)=0.49$，$p>0.05$。凝视时间：$F_1(1, 28)=0.98$，$p>0.05$；$F_2(1, 126)=0.84$，$p>0.05$。阅读时间：$F_1(1, 28)=1.12$，$p>0.05$；$F_2(1, 126)=3.36$，$p>0.05$。

四　分析与结论

（一）分析

1. 整体分析

（1）在平均注视时间上，韩国留学生在正常无空格条件下的平均注视时间显著长于其他呈现条件下的平均注视时间。正常无空格条件下，汉字之间紧密排列，信息密度最大，留学生理解语义就必须对汉字进行充分加工，因此注视时间最长。而随着空格的加入，词间、字间以及非词条件下句子变长，而且字间空格条件下的句子长度几乎为原句长的两倍。空格造成汉字密度变小，在一定知觉广度内，汉字信息量变小，平均注视时间因此变短。非词空格句与词间空格句由于插入了同等数量的空格，因此两种条件下句长相等，但由于词的切分方式不同，非词空格条件下的平均注视时间显著长于词间空格条件下，这说明非词的切分方式带来了一定的阅读障碍，韩国留学生需要先排除不适当的边界信息再进行信息加工，加工难度加大，注视时间因此增长。

（2）在阅读时间上，四种呈现条件下差异显著。词间空格条件下的阅读时间显著少于其他条件下的阅读时间，非词空格条件下的阅读时间显著长于其他条件下的阅读时间，字间空格条件下阅读时间与正常无空格条件下的阅读时间无显著差异。插入空格后，词间空格句长于正常无空格句，但韩国留学生却花费了较少的阅读时间，这说明词界标信息促进了韩国留学生的汉语阅读。空格使得留学生能更容易地识别出词单元，从而达到对词义的快速理解。非词空格句虽与词间空格句子长度相等，但非词切分显然产生了阻碍作用。字间空格条件下句长比原句子扩展出一倍，但阅读时间与正常无空格条件下无显著差异，这说明字界标未产生促进或阻碍作用。高珊（2004）的研究中，以视觉空间条件为被试内因素，发现视觉空间条件的主效应显著，经事后检验发现，以任意方式切分句子降低了句子阅读速度产生了阻碍作用，这与本实验结果一致。但在她的研究中，日韩留学生在词切分方式呈现条件下的句子阅读速度却与正常条件下句子的阅读速度之间无显著差异，未发现词切分对日韩留学生汉语阅读有促进作用，这与本实验的结果不一致。

（3）在眼跳幅度的几个指标上，呈现条件的主效应显著，这说明眼跳幅度的差异主要是由不同的文本呈现方式引起的。在平均眼跳幅度、向前眼跳幅度以及向后眼跳幅度上均发现同样的趋势。韩国留学生在字间空格条件下做出最长幅度的眼跳，词间空格条件下较长，非词空格条件下次之，正常无空格条件下最短。与之相反，在平均注视时间上，正常无空格条件下的平均注视时间最长，非词空格条件下较长，词间空格条件下次之，字间空格条件下最短。这些均与文本的呈现方式有关。字间条件下句子变长，单位空间内信息密度变小。为了获取更多有用信息，韩国留学生需要加大眼跳距离。而正常无空格条件下，汉字紧密排列，单位空间内信息量大，留学生只需要较小的眼跳就能充分加工信息。句子中插入的空格数量与平均注视时间成反比，与眼跳幅度大小成正比。

(4) 在有关注视次数的几个指标上，呈现条件的主效应显著。正常无空格与词间空格条件下，向后眼跳次数无显著差异，但向前眼跳次数差异显著。字间空格与非词空格条件下，向后眼跳次数差异显著，但向前眼跳次数差异不显著。非词条件下的向后眼跳次数显著多于其他三种呈现条件下，这说明非词的切分方式对韩国留学生阅读模式产生了较大的干扰。

2. 局部分析

局部分析着重考察留学生对于以词或字为兴趣区的精细加工。在局部分析一到分析五中，除分析五是对以字为兴趣区加以考察的，其余四项分析均是以词为兴趣区展开的。结果发现：

(1) 韩国留学生在以字为兴趣区的各指标上，除在注视次数上发现语言水平差异外，在其他各指标上高水平学生与低水平学生均未出现显著差异，这说明在对于字的加工方面，不同汉语水平的韩国学生的情况是相似的。但在以词为兴趣区的局部分析一至四中，不同汉语水平的韩国学生在阅读时间和注视次数上出现显著差异，这与整体分析的结果是一致的。这说明高水平学生对于兴趣区内词的加工要快于低水平学生，表现为识别更快，理解更好。由此可推断韩国留学生语言能力的差别在对字的加工上体现不明显，但在对词的加工上则明显地体现出来。

(2) 在对各呈现条件两两相互比较时发现，在单一注视时间上各空格条件之间没有显著差异，这表明在信息加工的初始阶段，韩国留学生对于单个词的加工情况是相似的。因为不同呈现条件下兴趣区内的内容是完全相同或大致相似的，都包含相同的文字信息和空格数量，某些条件下所不同的只是所含空格的物理分布。由此可推论无论空格是否切分出词单元或非词单元，对于句子中局部文字信息的初始加工是类似的，更多的是一种物理知觉。但是结果发现在凝视时间、阅读时间、注视次数和第一遍注视次数这几个反应相对深层加工的指标上，各局部分析呈现条件的两两比较之间均发现显著差异。这些指标反映的是初始知觉加工之后，对于兴趣区内信息更高层次的加工。对于某一个词的凝视时间以及阅读时间越长，注视次数越多，心理加工也就越复杂。而第一遍注视次数反映了韩国留学生对兴趣区内词语形成心理表征的快慢，第一遍注视次数越少，形成心理表征的速度越快。

局部分析一中，非词空格条件下空格将词单元打破，造成词语语义割裂，因此推断此条件下韩国留学生需花费更多的阅读时间才能识别词语。而词间空格条件下空格将词单元切分出来，在知觉上更容易识别，因此推断词间空格条件下的阅读时间会显著少于非词空格条件下。局部分析一的实验结果证实了这一推断，发现在两种句子长度相等的前提下，非词空格条件下的凝视时间、阅读时间均显著长于词间空格条件下的，而注视次数以及第一遍注视次数也均显著多于词间空格条件下，但在首次注视时间和单一注视时间上两种条件之间并未发现显著差异，这很可能是由于在初始阶段韩国留学生对信息的加工主要受兴趣区内信息物理特征相似的影响，加工仅停留在表层。此外，不同汉语水平韩国留学生在阅读时间和注视次数这两个指标上差异显著，而在其他各指标上两两之间差异不显著。

局部分析二和五都是对字间空格与非词空格条件进行比较，但局部分析二将词划为兴趣区，而局部分析五将字划为兴趣区。局部分析五中发现：①在所有指标上两种呈现条件之间无显著差异。②除在注视次数上汉语高水平学生显著少于低水平学生以外，在其他各指标上均无显著差异，由此推断韩国留学生阅读时对于单个汉字的加工几乎不受切分方式的影响。局部分析二中发现：①在单一注视时间上两种呈现条件之间未发现显著差异，但非词空格条件下在首次注视时间、凝视时间、阅读时间、注视次数、第一遍注视次数上均显著长于字间空格条件下。整体分析中也发现非词空格条件下的阅读时间和注视次数显著多于字间空格条件下。②不同汉语水平的韩国留学生在注视次数上差异显著，但在其他各指标上无显著差异。结合局部分析二与局部分析五的结果，可推断韩国留学生对汉语文本进行加工的基本单位是词而不是字。

局部分析三中对正常无空格与词间空格条件下的词语兴趣区进行比较，此项比较中两种呈现方式的句子虽有不同，但在兴趣区内无论从信息内容还是物理分布上都是完全相同的。结果发现：①词间空格条件下的首次注视时间、凝视时间、阅读时间均显著少于正常无空格条件下。词间空格条件下的注视次数和第一遍注视次数也显著少于正常无空格条件下。由空格切分出的词单元更容易被学生知觉和识别推断，词界标的插入促进了韩国留学生对词的识别和理解。由于两种呈现条件下兴趣区内的内容是完全相同的，因此兴趣区内表现出的指标上的差异可以归因是受兴趣区外词界标的影响。这一结果与整体分析中发现的词间空格条件下的阅读时间长于正常无空格条件下的阅读时间是一致的。②不同汉语水平的韩国留学生在阅读时间和注视次数上差异显著，但在其他各指标上无显著差异。

局部分析四中对词间空格与字间空格条件下兴趣区内情况进行比较发现：①韩国留学生在词间空格条件下对兴趣区内容的加工时间显著长于字间空格条件下，这与整体分析中平均注视时间上的结果是一致的。词间空格条件下双字词中两个汉字紧密排列，而字间空格条件下的两个汉字被空格隔开，因此学生在阅读时将词间空格条件下的词作为一个整体进行知觉，而字间空格条件下仅在单个汉字水平上加工，词的加工水平高于字的加工水平，因此耗时更多。值得注意的是，整体分析中的词间空格条件下的注视次数显著少于字间空格条件下。但局部分析则恰好相反，学生在字间空格条件下对于兴趣区内词语的注视次数少，由此推断其他的多次注视必然耗费在兴趣区之外，说明阅读者必须通过多次注视来整合词语。在词间空格条件下，韩国留学生能将有效的注视更多集中在兴趣区内的词语上，对于句子其他部分的注视则相对减少，从而提高了阅读效率。②不同汉语水平的韩国留学生在阅读时间和注视次数上差异显著，但在其他各指标上无显著差异。

实验发现，词界标的插入有利于韩国留学生的汉语阅读，而插入空格生成非词则对韩国留学生的汉语阅读起到阻碍作用，字间插入界标没有产生任何有利或阻碍作用。由于韩语文本中存在词界标，所以对于有着丰富阅读有词界标文本经验的韩国留学生来说，阅读包含词界标的文本似乎更容易也更便利一些。在汉语文本中插入词界标有利于韩国留学生对汉语词语的识别，也形成了一种对韩国学生来说与其母语文本近似的视觉形式，因此可以假设与不熟悉的视觉形式相比，使用熟悉的视觉形式可以缩短阅读时间。韩国留学生在加工正常无界标文本与带有字界标文本时花费的时间几乎相同，但是在字界标条件下，会做出更多时间较短的注视。这似乎表明在注视时间与次数之间存在着某种抵消作用。从理论上讲，如果字是汉语文本加工的基本单元，那么插入字边界应能缩短学生的阅读时间，提高阅读速度。然而，实验发现字界标对阅读既无促进作用又无阻碍作用,而词界标导致韩国留学生句子阅读时间减少。此外,五种局部分析结果表明,韩国留学生对词的加工要比对字的加工更敏感,对有边界标记词的加工要易于对无边界标记词的加工,而且对词的加工要易于对非词的加工。

(二) 结论

考察不同汉语水平韩国留学生阅读有无词界标汉语文本发现:

1. 对于中级汉语水平的韩国留学生,在汉语文本中插入词界标能大大提高韩国留学生的汉语阅读效率。

2. 正常无标记和插入字界标的汉语文本对韩国留学生阅读未产生促进或阻碍作用,但人为错误地划分词界标对留学生的汉语阅读起阻碍作用。这说明词界标的插入能清晰地将句子划分成一个个独立的词语单元,使阅读者在汉语文本中很容易辨别出词,进而对词进行视觉编码,激活心理词典的语义表征,最终达到语义通达。

3. 在韩国留学生内部,汉语高水平者与低水平者在眼动指标上存在着显著差异,高水平者阅读时间更短、注视点更少。

4. 比较留学生阅读插入字界标和词界标汉语文本的眼动情况,发现插入字界标记后不会对韩国留学生阅读汉语文本产生促进作用。由此推测韩国留学生阅读汉语时信息加工的基本单位是词。

5. 鉴于在汉语文本中插入词界标能大大提高韩国留学生的汉语阅读效率,建议今后在对韩汉语初中级教材的排版时,改变现有排版方式,在汉语文本中插入词边界标记。

第五章 韩国留学生阅读不同文体汉语文本的眼动研究

一 问题的提出

在当前篇章阅读理解研究中,"图式"理论(Schema Theory)是为研究者普遍接受的阅读理论,它在一定程度上解释了阅读者实现理解的心理加工过程,对阅读教学具有重要的指导意义。

20世纪三十年代,德国心理学家巴特莱特(Bartlett)最早使用"图式(Schema)"这一概念,指出阅读者知识以及阅读者对篇章所描述的情景或主题的熟悉度在意义获得中具有重要作用。他采用重复回忆的研究方法证明了记忆的组织和已有经验对回忆记叙文的作用。发现阅读者在记忆文章信息时往往按照自己现实与文化知识背景对文章进行记忆,会对文章内部原有信息进行扭曲,并且这种扭曲程度会随时间的推移而增加,对所读材料的记忆甚至会由"自己读到了什么"逐渐扭曲为"自己觉得内容应该描写什么"。巴特莱特认为这种扭曲是由于阅读者先前对篇章所描述的情景具有一定的"图式"知识引起的,"图式"是由过去的经验组成的。根据这种现象,巴特莱特提出阅读者对篇章的理解与记忆的过程并不是一个消极接受的过程,而是一个积极建构"图式"的过程,这种建构来自于自己的"图式"。并以此来说明记忆并非死记硬背或再产生的过程,而是一个保留事件要旨,进而根据总印象重建细节的过程[①]。

虽然巴特莱特曾使用"图式"这一概念,但并没有对它进一步研究,因此在其后的许多年中这一概念并没有引起人们的重视。直到20世纪七十年代后期,在人工智能研究和认知心理学研究的推动下,图式的概念才被重新提起,并迅速成为人工智能领域和心理学领域最为

---

① 桂诗春. 新编阅读心理学[M]. 上海:上海外语教育出版社,2000.6:445

流行的概念之一。美国认知心理学家鲁姆哈特（Rumelhart）在"故事语法"的基础上重提"图式"，并赋予它新的含义，明确提出了知识表征和阅读理解的图式理论。这种理论得到心理学界及语言学界普遍的认同，并广泛运用到语言教学（包括第二语言教学）中，以分析阅读者阅读、理解篇章的心理过程。

鲁姆哈特（1977）提出了图式的四个主要特点：（1）图式具有变量；（2）图式可以被包含于另一个图式之中；（3）图式可以在各种抽象的水平上表征我们的知识；（4）我们所具有的知识都包含在图式中。后来他还补充了两点：（1）图式的活动是一种主动的过程；（2）图式是一种认知的手段，它的目的在于评价对于它所加工的材料的适合性。[①]

图式的产生存在着两个基本的源泉，在认知心理学和阅读心理学中称它们为自上而下的驱动和自下而上的驱动。这两种驱动也被称为概念驱动（conceptually-driven）和材料驱动（data-driven）。概念驱动指一个上一级图式可以使它的下一级的图式活动起来，也就是从整体到部分；而材料驱动指的是下一级图式的活动引起了上一级图式的活动，也就是从部分到整体。

鲁姆哈特认为图式是指人的大脑为了便于信息储存和处理，将新事物与已存在的知识、经验有机地组织起来的一种知识表征形式，是相互关联的知识构成的完整的信息系统。阅读理解就是选择和激发能够说明输入信息的图式与变量约束的过程。在理解过程中加工的层次是循环递进的，随着阅读的进行，更高层次的图式被激活，理解的循环就走向更高的水平，产生对句子的理解以及对语段和篇章的理解。图式在阅读加工中最重要的作用之一是它的预期作用，在阅读过程中，阅读者正是依靠图式的这种预期作用进行推理，以填补篇章信息本身的某些空白，从而达到对篇章的理解。

综上所述，所谓"图式"，就是阅读者大脑中的各种背景知识的统称。认知语言学家把图式大体分为两种：（1）内容图式（content schema），是阅读者对篇章所讨论主题的熟悉程度，即狭义的背景知识；

---

① 张必隐. 阅读心理学（修订版）[M]. 北京：北京师范大学出版社，2002.10：40～65

第五章 韩国留学生阅读不同文体汉语文本的眼动研究

(2) 结构图式（formal schema），是阅读者对文章体裁的熟悉程度，即狭义的文体知识。阅读过程实际是阅读者以内容图式为经，以结构图式为纬，最终构成一个图式网络，从而达到篇章理解的过程。

眼动仪的广泛运用和计算机技术的不断发展，可以对阅读者的阅读过程进行即时测量，取得用其他方法无法得到的大量的、连续的眼动数据。再通过对数据进行分析，得出阅读者在阅读过程中的眼动模式与篇章的词汇、语句、语段及句法、篇章特征等有哪些密切而复杂的关系，从而深化了人们对阅读信息加工过程的了解，同时也为我们验证"图式理论"提供了可能。

文章的"形式图式"，简单说就是文体结构，一般可简单分为记叙文、议论文、说明文三种类型。记叙文是以记叙为主的文章，通常是讲述一件事或几件事。议论文是以议论为主要表达方式，分析事理，阐明观点和主张，以达到说服别人的文章。说明文是以说明这种表达方式为主，按照一定的要求解说事物或事理的文章，具有言之有序、语言准确的特点。

我国研究者已充分认识到这一问题，沈德立、白学军等对不同年龄阶段的中国学生记叙文阅读的眼动情况进行了研究。沈德立、陶云对不同年龄阶段学生阅读有无插图说明文进行了研究；杨治良、阎国利对不同年龄阶段学生阅读科技说明文进行了研究。沈德立、陈向阳对不同年龄阶段学生阅读寓言性文章进行了研究。这些研究深入分析了学生阅读中的阅读指标和眼动指标的差异，揭示了传统的阅读检测方法不能考察的问题，填补了汉语篇章阅读研究的空白，对指导教学具有重要意义。但是这些研究大多从发展的角度进行分析，并没有考察不同文体间的差异。留学生阅读不同文体时，心理加工过程和阅读策略是否存在新手和熟练者的差异呢？不同特点的汉语文体是否会对留学生阅读眼动指标产生影响呢？

本研究选取韩国留学生为被试，以汉语篇章阅读为切入点，旨在探讨韩国留学生在汉语阅读中篇章处理模式及眼动特征的内部差异，考察"形式图式"是否存在于韩国大学生阅读汉语篇章中。为推动对韩汉语教学的进一步深入提供有价值的心理学依据，为阅读教学实践活动诸如编写专门对韩汉语教科书、针对不同文体的阅读理解教学及阅读理解学习、针对 HSK 考试（目前面向世界的标准化汉语水平考试）中阅读理解的应对策略等提供现实指导。

二　研究方法

（一）被试

在天津中医药大学、天津师范大学和天津外国语学院等三所高校随机选取学习汉语的韩国留学生 36 名，其中汉语水平达 HSK 考试（汉语水平考试）6 级以上和 HSK 考试 3～4 级的被试各 18 名。被试中男 22 人，女 14 人，裸眼或矫正视力均达 1.0 以上。

（二）实验仪器

本实验使用的仪器为美国应用科学实验室（Applied Science Laboratory，ASL）生产的 504 型台式眼动仪。该仪器取样率为 50Hz，即以每秒 50 次的速度记录被试阅读时眼睛注视的位置、注视时间、注视次数、注视频率和瞳孔直径等数据。眼动仪配置有 19 英寸液晶显示器，作为材料呈现屏。

（三）实验设计与材料

1. 实验设计

本研究实验采用 3（材料）×2（水平）的二因素混合设计。其中材料（记叙文、议论文、说明文）为被试内因素，汉语水平（高、低）为被试间因素。实验材料为 4 篇不同文体的文章，其中 1 篇记叙文为练习准备材料，3 篇为正式实验材料，分别为记叙文、议论文、说明文。

实验中采取轮组，共分为 3 组，各组文章呈现顺序分别为：

组 1：练习文章、汉语记叙文、汉语议论文、汉语说明文

组 2：练习文章、汉语议论文、汉语说明文、汉语记叙文

组 3：练习文章、汉语说明文、汉语记叙文、汉语议论文

每组分别由随机抽样的高低水平被试各 6 人组成。

2. 实验材料

3 篇正式实验文章被试均未曾接触过，各篇文章难度控制在 HSK 考试的 4 级与 6 级之间，材料经过五位对外汉语教师的等级评定，难度接近等值。

每篇文章均由正文和问题两部分组成，结构完整，详见附录3。正文部分分为两个自然段，共计270个字符（包括标点符号）；每篇文章有三道考查被试对正文理解的问题，其中两道可直接在正文中找到答案，另一道问题答案隐含在正文中，被试必须对文章做出一定的推理和分析才能正确回答。问题部分各篇文章字数不等。

实验材料的呈现时间不限，直到被试报告出问题的答案为止，这样的安排比较接近实际的阅读情境。

（四）几个概念的解释

1. 阅读成绩（分）：是学生完成三道阅读理解问题的成绩（阅读成绩＝正确率×100）。

2. 阅读时间（秒）：是学生在阅读理解文章时所用的时间（从文章呈现到回答完问题）。针对各篇章字数不一的情况，本研究采取百字阅读时间（简称百字时）作为阅读时间的指标（百字时＝阅读时间÷总字数×100）。

3. 阅读速度（字/秒）：是学生单位时间内阅读的字数（阅读速度＝阅读字数÷阅读时间）。

4. 注视次数（次）：是学生注视整篇文章的注视点个数。针对各篇章字数不一的情况，本研究以每阅读一百字注视点的次数（简称百字次，百字次＝阅读注视点总次数÷总字数×100）作为考察的指标。

5. 注视点持续时间（秒）：是学生眼睛在每个注视点的平均注视停留时间。

6. 眼跳距离（度）：是反映学生阅读知觉广度的一个指标，其单位是度（视角），也称眼跳角度。

7. 注视频率（次/秒）：是单位时间内注视点的个数（注视频率＝注视点÷注视时间）。

8. 瞳孔直径（机器值）：是瞳孔直径的大小，单位应该为毫米。但本研究中瞳孔直径的单位不是毫米，而是眼动仪记录时使用的相对单位。如果要换算成毫米，需要使用一个特制的眼睛模型（ASL公司提供）。眼睛模型的瞳孔直径是已知的，通过了解该瞳孔直径值与眼动仪记录下的眼模型的瞳孔直径值之间的比例关系，经过换算可以得到被试瞳孔直径以毫米为单位的实际值。

三 眼动实验结果

(一) 阅读不同汉语文体的阅读指标和眼动指标

1. 阅读成绩

为了分析影响韩国留学生阅读成绩的各种因素的主效应及交互作用情况,首先对学生阅读不同文体汉语篇章的阅读成绩进行了重复测量1个因素的2因素方差分析,结果见表10。

在不同文体的阅读成绩上,汉语记叙文是75.001分,汉语议论文是67.594分,汉语说明文是87.964分;韩国汉语高水平留学生的阅读成绩是85.803分,低水平留学生是67.902分。

表10 阅读成绩

	变异来源	平方和	自由度	均方	F	p
被试内	文体	7654.309	2	3827.154	7.440	0.001
	文体×汉语水平	1070.054	2	535.027	1.040	0.359
	残差	34981.712	68	514.437		
被试间	汉语水平	8651.965	1	8651.965	13.374	0.001
	残差	681926.232	34	20360.725		

从方差分析的结果可知,文体主效应非常显著($F=7.440$,$p<0.01$),说明汉语不同文体对韩国留学生的阅读成绩影响非常显著。汉语水平的主效应非常显著($F=13.374$,$p<0.01$),说明韩国汉语高水平留学生的阅读成绩非常显著地高于汉语低水平留学生。文体与汉语水平之间的交互作用不显著($F=1.040$,$p>0.05$)。

LSD比较发现,汉语记叙文与汉语说明文、汉语议论文与汉语说明文之间阅读成绩差异非常显著;而汉语记叙文与汉语议论文之间阅读成绩差异不显著。

2. 阅读时间

经重复测量1个因素的2因素方差分析,结果见表11。

在不同文体的阅读时间上,汉语记叙文是38.889秒/百字,汉语议论文是41.236秒/百字,汉语说明文是34.911秒/百字;韩国汉语高水平留学生是 33.061 秒/百字,低水平留学生是 43.630 秒/百字。

表 11 阅读时间

	变异来源	平方和	自由度	均方	F	p
被试内	文体	736.005	2	368.003	4.374	0.016
	文体×汉语水平	298.154	2	149.077	1.772	0.178
	残差	5720.916	68	84.131		
被试间	汉语水平	3016.152	1	3016.152	6.738	0.014
	残差	15219.487	34	447.632		

从方差分析的结果可知,文体的主效应显著($F=4.374$,$p<0.05$),说明汉语不同文体对韩国留学生的阅读时间影响显著。汉语水平的主效应显著($F=6.738$,$p<0.05$),说明韩国汉语高水平留学生的阅读时间显著少于汉语低水平留学生。文体与汉语水平之间的交互作用不显著($F=1.772$,$p>0.05$)。

LSD 比较发现,汉语记叙文与汉语说明文之间阅读时间差异边缘显著,汉语议论文与汉语说明文之间阅读时间差异非常显著;而汉语记叙文与汉语议论文之间阅读时间差异不显著。

3. 阅读速度

经重复测量 1 个因素的 2 因素方差分析,结果见表 12。

在不同文体的阅读速度上,汉语记叙文是 2.639 字/秒,汉语议论文是 2.696 字/秒,汉语说明文是 3.362 字/秒;韩国汉语高水平留学生的阅读速度是 3.269 字/秒,低水平留学生是 2.528 字/秒。

表 12 阅读速度

	变异来源	平方和	自由度	均方	F	p
被试内	文体	11.657	2	5.828	12.283	0.000
	文体×汉语水平	4.530	2	2.265	4.774	0.011
	残差	32.266	68	0.474		
被试间	汉语水平	14.809	1	14.809	7.417	0.010
	残差	67.888	34	1.997		

从方差分析的结果可知,文体的主效应极其显著($F=12.283$,$p<0.001$),说明汉语不同文体对韩国留学生阅读速度的影响非常显著。汉语水平的主效应非常显著($F=7.417$,$p<0.01$),说明韩国汉语高水平留学生的阅读速度显著优于汉语低水平留学生。文体与汉语水平之间的交互作用显著($F=4.774$,$p<0.05$)。

LSD比较发现,汉语记叙文与汉语说明文,汉语议论文与汉语说明文之间阅读速度差异极其显著;而汉语记叙文与汉语议论文之间阅读速度差异不显著。

简单效应分析发现,不同汉语水平韩国留学生在汉语记叙文速度上差异不显著($p=0.134$),在汉语议论文上差异显著($p=0.079$),在汉语说明文上差异非常显著($p=0.004$)。

4. 注视次数

经重复测量1个因素的2因素方差分析,结果见表13。

在不同文体的百字注视点次数上,汉语记叙文是86.546次,汉语议论文是88.342次,汉语说明文是72.610次;韩国汉语高水平留学生百字次是78.489次,低水平留学生是86.510次。

表13 注视次数

	变异来源	平方和	自由度	均方	F	p
被试内	文体	5339.317	2	2669.659	8.397	0.001
	文体×汉语水平	1025.742	2	512.871	1.613	0.207
	残差	21618.622	68	317.921		
被试间	汉语水平	1737.179	1	1737.179	0.920	0.344
	残差	64173.763	34	1887.464		

从方差分析的结果可知,文体的主效应非常显著($F=8.397$,$p<0.01$),说明汉语不同文体对韩国留学生的阅读注视点次数影响非常显著。汉语水平的主效应不显著($F=0.920$,$p>0.05$),说明汉语水平高低对韩国留学生阅读汉语篇章的百字注视点次数影响不显著。文体与汉语水平之间的交互作用不显著($F=1.613$,$p>0.05$)。

LSD比较发现,汉语记叙文与汉语说明文、汉语议论文和汉语说明文之间阅读效率差异非常显著;而汉语记叙文与汉语议论文之间阅读效率差异不显著。

5. 注视点持续时间

经重复测量1个因素的2因素方差分析,结果见表14。

在不同文体的注视点持续时间上,汉语记叙文是0.337秒,汉语议论文是0.327秒,汉语说明文是0.347秒;韩国汉语高水平留学生注视点持续时间是0.306秒,低水平留学生是0.368秒。

表14 注视点持续时间

	变异来源	平方和	自由度	均方	F	p
被试内	文体	7.264E-03	2	3.632E-03	5.286	0.007
	文体×汉语水平	3.237E-03	2	1.619E-03	2.355	0.103
	残差	4.673E-02	68	6.872E-04		
被试间	汉语水平	0.103	1	0.103	8.704	0.006
	残差	0.401	34	1.179E-02		

从方差分析的结果可知,文体的主效应非常显著($F=5.286$,$p<0.01$),说明汉语不同文体对韩国留学生阅读注视点持续时间的影响非常显著。汉语水平的主效应非常显著($F=8.704$,$p<0.01$),说明韩国汉语高水平留学生的阅读注视点持续时间显著少于汉语低水平留学生。文体与汉语水平之间的交互作用不显著($F=2.355$,$p>0.05$)。

LSD比较发现,汉语记叙文与汉语说明文之间阅读注视点持续时间差异边缘显著;汉语议论文与汉语说明文之间阅读注视点持续时间差异非常显著;而汉语记叙文与汉语议论文之间阅读注视点持续时间差异不显著。

6. 眼跳距离

经重复测量1个因素的2因素方差分析,结果见表15。

在不同文体的平均眼跳距离上,汉语记叙文是3.924度,汉语议论文是4.099度,汉语说明文是4.279度;汉语高水平留学生阅读平均眼跳距离是4.399度,低水平留学生是3.802度。

表 15　眼跳距离

	变异来源	平方和	自由度	均方	F	p
被试内	文体	2.270	2	1.135	1.775	0.177
	文体×汉语水平	3.211E-02	2	1.606E-02	0.025	0.975
	残差	43.484	68	0.639		
被试间	汉语水平	9.631	1	9.631	2.903	0.098
	残差	112.795	34	3.317		

从方差分析的结果可知，文体的主效应显著（$F=1.775$，$p>0.05$），说明汉语不同文体对韩国留学生阅读的眼跳距离影响不显著。汉语水平的主效应不显著（$F=2.903$，$p>0.05$），说明汉语水平高低对韩国留学生阅读汉语篇章的眼跳距离影响不显著。文体与汉语水平之间的交互作用不显著（$F=0.025$，$p>0.05$）。

LSD 比较发现，汉语记叙文与汉语说明文之间差异非常显著；而汉语记叙文与汉语议论文、汉语议论文与汉语说明文之间阅读平均眼跳距离差异不显著。

7. 注视频率

经重复测量1个因素的2因素方差分析，结果见表16。

在不同文体注视频率上，汉语记叙文是 2.123 次/秒，汉语议论文是 2.200 次/秒，汉语说明文是 2.139 次/秒；韩国汉语高水平留学生的注视频率是 2.317 次/秒，低水平留学生是 1.990 次/秒。

表 16　注视频率

	变异来源	平方和	自由度	均方	F	p
被试内	文体	0.120	2	5.992E-02	1.203	0.307
	文体×汉语水平	5.558E-02	2	2.779E-02	0.558	0.575
	残差	3.387	68	4.982E-02		
被试间	汉语水平	2.880	1	2.880	6.561	0.015
	残差	14.928	34	0.439		

从方差分析的结果可知，文体的主效应不显著（$F=1.203$，$p>0.05$），说明汉语不同文体对韩国留学生阅读注视频率的影响不显著。汉语水平的主效应显著（$F=6.561$，$p<0.05$），说明韩国汉语高水平留学生的阅读注视频率显著高于汉语低水平留学生。文体与汉语水平之间的交互作用不显著（$F=0.558$，$p>0.05$）。

8. 瞳孔直径

经重复测量1个因素的2因素方差分析，结果见表17。

在阅读不同文体的眼睛瞳孔直径中，汉语记叙文是35.171，汉语议论文是34.843，汉语说明文是35.118；韩国汉语高水平留学生的瞳孔直径是34.897，低水平留学生是35.192。

表17 瞳孔直径

	变异来源	平方和	自由度	均方	F	p
被试内	文体	2.231	2	1.116	1.057	0.353
	文体×汉语水平	1.361	2	0.681	0.644	0.528
	残差	71.801	68	1.056		
被试间	汉语水平	2.342	1	2.342	0.024	0.878
	残差	3352.815	34	98.612		

从方差分析的结果可知，文体的主效应不显著（$F=1.057$，$p>0.05$），说明汉语不同文体对韩国留学生瞳孔直径的影响不显著。汉语水平的主效应不显著（$F=0.024$，$p>0.05$），说明汉语水平高低对韩国留学生阅读汉语篇章的瞳孔直径影响不显著。文体与汉语水平之间的交互作用不显著（$F=0.644$，$p>0.05$）。

（二）汉语篇章不同兴趣区的阅读指标和眼动指标

将不同文体汉语篇章划分为正文部分和问题部分，考察韩国留学生在两个区域内阅读眼动指标存在的差异。下面表格内中记、中议、中说分别为汉语记叙文、汉语议论文和汉语说明文的简称。

1. 注视点次数

将韩国不同汉语水平留学生阅读问题与正文部分时的百字注视点次数分别进行配对 t 检验，结果见表18。

表 18 注视点次数的比较

水平	文体	阅读问题的注视次数（次/百字）			阅读正文的注视次数（次/百字）			t	p
		N	平均数	标准差	N	平均数	标准差		
高	汉记	18	81.991	34.316	18	64.630	22.532	2.814	0.012
	汉议	18	85.202	33.251	18	73.930	22.026	1.850	0.082
	汉说	18	69.261	29.910	18	55.597	25.513	2.075	0.032
低	汉记	18	97.509	34.922	18	72.881	22.508	4.452	0.000
	汉议	18	91.638	40.663	18	81.749	32.344	1.681	0.111
	汉说	18	80.912	35.638	18	75.064	30.817	1.093	0.290

表18内容显示：韩国汉语高水平留学生在阅读汉语记叙文和说明文时，问题部分百字注视点次数显著多于正文部分；阅读汉语议论文时差异边缘显著。韩国汉语低水平留学生阅读汉语记叙文时，问题部分百字注视点次数极其显著地多于正文部分，阅读汉语议论文和说明文差异不显著。不同汉语水平留学生在问题部分阅读注视点次数的增加，说明学生在问题部分心理负荷加大，阅读策略与篇章部分不同。低水平学生在汉语议论文和说明文问题部分和正文部分存在差异，但不显著，可能是由于汉语水平较低的原因。

2. 阅读时间

将韩国不同汉语水平留学生阅读问题与正文部分时的百字用时分别进行配对 t 检验，结果见表19。

表 19 阅读时间的比较

水平	文体	阅读问题的百字时（秒/百字）			阅读正文的百字时（秒/百字）			t	p
		N	平均数	标准差	N	平均数	标准差		
高	汉记	18	29.116	19.171	18	22.395	11.195	2.493	0.023
	汉议	18	29.897	15.147	18	23.071	8.619	2.081	0.053
	汉说	18	20.945	10.732	18	18.298	9.593	1.107	0.284
低	汉记	18	31.848	14.884	18	29.542	11.811	0.932	0.364
	汉议	18	30.306	14.990	18	31.383	15.333	−0.463	0.649
	汉说	18	28.023	13.708	18	31.137	16.024	−0.946	0.358

表 19 内容显示：韩国汉语高水平留学生在阅读汉语记叙文时，问题部分的百字时显著多于正文部分；说明文差异边缘显著；阅读汉语议论文差异不显著。汉语低水平韩国留学生阅读不同文体时，问题部分百字时均多于正文部分，但与正文部分差异不显著。汉语高水平留学生在问题部分百字用时高于正文部分，说明韩国留学生在问题部分心理负荷加大。而汉语低水平留学生在议论文和说明文问题部分百字用时低于正文部分，虽不显著，但说明低水平大学生阅读策略与高水平留学生之间的差异。

3. 注视点持续时间

将不同汉语水平韩国留学生阅读问题与正文部分时的注视点持续时间分别进行配对 t 检验，结果见表 20。

表 20　注视点持续时间的比较

水平	文体	阅读问题的注视点持续时间（秒）			阅读正文的注视点持续时间（秒）			t	p
		N	平均数	标准差	N	平均数	标准差		
高	汉记	18	0.306	6.734E-02	18	0.326	6.486E-02	−2.165	0.045
	汉议	18	0.299	6.100E-02	18	0.308	5.017E-02	−0.962	0.350
	汉说	18	0.290	5.888E-02	18	0.320	5.490E-02	−2.215	0.041
低	汉记	18	0.339	5.416E-02	18	0.398	7.903E-02	−4.793	0.000
	汉议	18	0.320	6.039E-02	18	0.370	9.082E-02	−3.038	0.007
	汉说	18	0.343	4.861E-02	18	0.401	0.106	−2.651	0.017

表 20 内容显示：韩国汉语高水平留学生在阅读汉语记叙文和说明文时，问题部分的注视点持续时间显著少于正文部分；阅读汉语议论文时差异不显著。韩国汉语低水平留学生阅读不同文体时，问题部分的注视点持续时间均显著少于正文部分。不同汉语水平留学生在问题部分阅读注视点持续时间的增加，说明韩国留学生在问题部分心理负荷加大，使用的阅读策略与篇章部分不同。低水平留学生在阅读汉语不同文体时，问题部分与正文部分较汉语高水平留学生注视点持续时间更显著，可能是由于汉语水平较低的原因。

4. 眼跳距离

将不同汉语水平韩国留学生阅读问题与正文部分时的眼跳距离分别进行配对 t 检验，结果见表21。

表 21　眼跳距离的比较

水平	文体	阅读问题的眼跳距离（度）			阅读正文的眼跳距离（度）			t	p
		N	平均数	标准差	N	平均数	标准差		
高	汉记	18	3.149	0.516	18	3.284	0.580	−1.163	0.261
	汉议	18	2.837	0.453	18	3.613	0.532	−5.176	0.000
	汉说	18	3.687	0.966	18	3.514	0.658	0.668	0.513
低	汉记	18	2.785	0.361	18	2.817	0.358	−0.242	0.812
	汉议	18	2.895	0.688	18	3.101	0.451	−1.180	0.254
	汉说	18	3.269	0.667	18	2.886	0.690	1.723	0.103

表21内容显示：韩国汉语高水平留学生在阅读汉语议论文时，问题部分眼跳距离显著少于正文部分；阅读汉语记叙文和说明文时差异不显著。韩国汉语低水平留学生阅读不同文体时，问题部分与正文部分眼跳距离差异均不显著。不同汉语水平留学生在问题部分眼跳距离减小，说明留学生在问题部分心理负荷加大，使用阅读策略与篇章部分不同。汉语高水平留学生在阅读议论文时，问题部分与正文部分差异显著，说明学生在议论文问题部分心理紧张程度更大。高低水平留学生在阅读汉语说明文时问题部分眼跳距离均高于正文部分，但不显著，可能是由于对篇章内容熟悉，问题部分词语比记叙文和议论文更生活化引起的。这是一篇有关"粽子"的介绍性文章（具体内容见附录3）。由于学生在中国时间较长，比较熟悉这种食品，加之现有学习汉语的教材中也多有介绍传统节日"端午节"或传统食品"粽子"的内容，学生或多或少具有背景知识。

5. 瞳孔直径

将不同汉语水平韩国留学生阅读问题与正文部分时的瞳孔直径分别进行配对 t 检验，结果见表22。

表22 瞳孔直径的比较

水平	文体	阅读问题的瞳孔直径（机器值）			阅读正文的瞳孔直径（机器值）			t	p
		N	平均数	标准差	N	平均数	标准差		
高	汉记	18	35.476	4.546	18	35.409	4.368	0.231	0.820
	汉议	18	35.029	4.549	18	34.494	4.409	1.911	0.073
	汉说	18	35.759	4.618	18	35.033	4.544	1.929	0.071
低	汉记	18	35.517	7.455	18	34.709	7.422	2.992	0.008
	汉议	18	35.912	7.370	18	34.747	6.887	2.350	0.031
	汉说	18	35.948	7.218	18	34.932	7.326	3.044	0.007

表22内容显示：韩国汉语高水平留学生在阅读汉语记叙文时，问题部分与正文部分瞳孔直径的差异不显著；阅读汉语议论文和说明文时，问题部分的瞳孔直径显著大于正文部分。韩国汉语低水平留学生阅读不同文体时，问题部分与正文部分瞳孔直径均差异显著。不同汉语水平留学生在问题部分瞳孔直径增加，说明学生在问题部分心理负荷加大。低水平留学生在阅读汉语不同文体时，问题部分与正文部分较汉语高水平留学生瞳孔直径更显著，可能是由于汉语水平较低的原因。

四 分析与结论

（一）分析

1.从阅读成绩、阅读时间和阅读速度等阅读理解指标来看，韩国留学生阅读同样难度的汉语篇章时，存在显著的文体差异和内部水平差异。文体差异表现为：阅读不同汉语文体时，韩国留学生议论文成绩最低、用时最多、速度最慢；记叙文居中；说明文成绩最高、用时最少、速度最快。由此可见，议论文是韩国留学生学习汉语的难点。内部水平差异表现为：随着汉语水平的提高，韩国留学生阅读成绩、阅读速度均显著提高，阅读时间显著减少。

韩国汉语高水平留学生（HSK6级）阅读三种文体百字用时是33.061秒，阅读速度是3.269字/秒；低水平留学生（HSK3—4级）

百字用时是 43.630 秒，阅读速度是 2.528 字/秒。以上数据可作为对韩汉语教师阅读教学的参考指标和韩国留学生阅读汉语时参照的指标。

2. 从眼动指标来看，韩国留学生阅读同样难度的汉语篇章时，在注视点次数和注视点持续时间上存在显著的文体差异和内部水平差异。其中议论文注视点最多，平均注视点持续时间最长、眼跳距离较小；记叙文居中；说明文注视点最少，平均注视点持续时间最短、眼跳距离最大。眼动数据显示结果与韩国留学生阅读理解指标基本相同，说明阅读不同文体的汉语篇章时，议论文是韩国留学生阅读的难点。

随着汉语水平的提高，注视点次数和注视持续时间均显著减少，说明不同汉语水平韩国留学生阅读不同文体汉语时，对篇章进行即时加工的策略不同。在眼跳距离上存在差异，但不显著，这可能和对韩国留学生阅读不同篇章的时间没有限制有关，今后将进一步探讨。

3. 将不同汉语文体篇章划分为问题部分和正文部分两个兴趣区后，比较韩国留学生阅读问题部分与正文部分的眼动指标，发现韩国留学生阅读汉语篇章时存在着区域差异。其中阅读问题部分时的注视点次数更多、百字用时更长、注视持续时间更短、眼跳距离更小、眼跳时间更长、瞳孔直径更大。说明韩国留学生在问题部分心理负荷加大，阅读策略与正文部分不同。这一结论也与目前针对我国中小学生语文阅读的一系列研究相符[1][2]。

（二）结论

考察不同汉语水平韩国留学生阅读三种文体汉语篇章发现：

1. 韩国留学生阅读同样难度的汉语篇章时，存在显著的文体差异和水平差异。阅读不同文体汉语篇章时，韩国留学生从难到易的顺序分别是：议论文、记叙文、说明文。因此对外汉语教师在阅读教学中应注意传授韩国学生有关文体特点的知识，在不同文体的教学中应有所侧重。

2. 将不同文体的汉语篇章划分为问题部分和正文部分两个兴趣区，不同汉语水平的韩国留学生阅读问题部分时所采取的阅读策略与阅读正文部分呈现出显著差异。

---

[1] 白学军，沈德立. 不同年级学生读课文时眼睛注视方式的研究 [J]. 心理科学，1996.1：6～10

[2] 阎国利. 不同年级学生阅读科技文章的眼动研究 [J]. 心理科学，1999.3：226～228

第六章 韩国留学生阅读不同主题熟悉度汉语文本的眼动研究

一 问题的提出

"图式"理论（Schema Theory）认为，"图式"分为内容图式（content schema）和结构图式（formal schema），其中内容图式指读者对篇章内容的熟悉程度，即狭义的背景知识。读者的背景知识越丰富，就能够越多地将注意力集中在高级阶段的信息处理和提出假设上，从而达到对篇章的较好理解。

阅读者的背景知识越丰富就越能促进他的阅读理解水平，这一观点已经实验证明，逐渐成为人们的一种共识。在此基础上，一些学者开始进行有关背景知识是否促进第二语言阅读的研究。例如 Johnson（1982）就读者的背景知识和阅读理解水平进行实验研究，结果发现阅读者在阅读时，背景知识有助于对语篇的阅读理解；阅读者阅读非母语时，更容易读懂涉及母语文化和个人经历的内容[1]。Hudson（1982）研究了阅读者所具有的背景知识与外语能力的关系。他按照英语水平的高低，把被试分为三组，结果表明：被试所具有的背景知识对阅读理解的作用大于外语能力的差异。背景知识对外语能力低的被试的影响大于外语能力高的被试[2]。Entin & Klare（1985）对第二语言学习者进行研究，考察兴趣和一定背景知识对阅读理解能力的影响，结果发现：背景知识对阅读理解能力有显著影响[3]。

---

[1] Johnson, P., Effects on reading comprehension of language complexity and cultural background of a text, *TESOL Quarterly*, 1982 (15), 205~226

[2] Hudson, T., The effects of induced schemata on the "short circuit" in L2 reading, *Language Learning*, 1982 (32): 183~207

[3] Entin, E. B. & G. R. Klare, Relationships of measures of interest, prior knowledges and readability to comprehension of expository passage, *Language Research*, 1985 (3), 9~38

但也有研究者认为阅读第二语言篇章时,背景知识对阅读者的作用不大。例如 Carrel (1983) 把背景知识划分为熟悉度、上下文、词汇抽象度三个维度,考察以英语为母语和外语的两组被试的阅读理解水平。结果表明,熟悉度、上下文、词汇抽象度等三个因素对英语为母语的学生有显著影响,而对英语为外语的学生没有影响。因此 Carrel 认为对英语作为外语的学生来说,因受语言的限制,无法充分利用背景知识,即阅读第二语言时,背景知识对阅读者的作用不大[①]。

那么韩国留学生阅读不同主题熟悉的汉语篇章时,背景知识是否对他们的阅读产生作用呢?本研究即是在这样的背景下展开的。以韩国留学生阅读不同主题熟悉度汉语说明文为切入点,借助眼动仪,记录被试在阅读过程中注视时间、注视点次数、注视持续时间、眼跳等眼动指标,用以揭示"图式"理论(Schema Theory)中"内容图式"对韩国留学生汉语阅读理解水平及阅读中眼动特征的影响,为针对汉语中高水平韩国留学生的汉语教学提供借鉴。

二 研究方法

(一) 被试

在天津中医药大学、天津师范大学和天津外国语学院等三所高校随机选取学习汉语的韩国留学生 18 名,汉语水平均在 HSK(汉语水平考试)6 级以上,其中中医专业的韩国留学生 6 人,汉语专业的韩国留学生 12 人。被试中男 10 人,女 8 人,裸眼或矫正视力均达 1.0 以上。

(二) 实验仪器

本实验使用的仪器为美国应用科学实验室(Applied Science Laboratory, ASL)生产的 504 型台式眼动仪。该仪器取样率为 50Hz,即以每秒 50 次的速度记录被试阅读时眼睛注视的位置、注视时间、注视次数、注视频率和瞳孔直径等数据。眼动仪配置有 19 英寸液晶显示器,

---

① Carrel. P. L., Three components of background knowledge in reading comprehension, *Language Learning*, 1983 (33): 304~331

作为材料呈现屏。

(三) 实验设计与材料

1. 实验设计：本研究实验采用2（材料）×2（专业水平）的二因素混合设计。其中材料（一般说明文、中医内容说明文）为被试内因素，中医知识丰富（中医专业韩国留学生）、中医知识不足（中文专业韩国留学生）为被试间因素。实验材料为3篇同文体文章，其中1篇记叙文为练习准备材料，2篇为正式实验材料，分别为一般内容说明文和中医内容说明文（见附录3）。

实验中采取轮组，共分为2组，各组文章呈现顺序分别为：

组1：练习文章、一般内容说明文、中医内容说明文

组2：练习文章、中医内容说明文、一般内容说明文

每组分别由随机抽样的中医专业被试3人、汉语专业被试6人组成。

2. 实验材料：2篇正式实验材料被试均未曾接触过，材料经过五位对外汉语教师的等级评定，难度接近等值。

每篇文章均由正文和问题两部分组成，结构完整。正文部分分为两个自然段，共计270个字符（包括标点符号）；每篇文章有三道考查被试对正文理解的问题，其中两道可直接在正文中找到答案，另一道问题答案隐含在正文中，被试必须对文章做出一定的推理和分析才能正确回答。问题部分各篇文章字数不等。

实验材料的呈现时间不限，直到被试报告出问题的答案为止，尽可能接近实际阅读情境。

三 眼动实验结果

(一) 阅读不同主题熟悉度汉语篇章阅读理解指标和眼动指标的比较

将韩国留学生阅读不同主题熟悉度篇章阅读理解指标和眼动指标分别进行独立样本 t 检验，结果见表23。

表 23　阅读不同主题熟悉度汉语篇章阅读理解指标和眼动指标的比较

被试	眼动指标	一般内容说明文			中医内容说明文			t	p
		N	平均数	标准差	N	平均数	标准差		
中医专业留学生	阅读成绩(分)	6	88.890	17.212	6	88.890	17.212	0.000	1.000
	百字时(秒/百字)	6	27.334	4.353	6	26.315	4.544	0.396	0.708
	阅读速度(字/秒)	6	3.679	0.509	6	3.897	0.676	−0.642	0.549
	阅读效率(字/秒)	6	3.320	0.968	6	3.412	0.686	−0.173	0.870
	百字次(次/百字)	6	67.431	10.601	6	56.667	9.641	2.057	0.095
	注视持续时间(秒)	6	0.318	4.116E−02	6	0.435	0.190	−1.760	0.139
	注视频率(次/秒)	6	2.471	0.127	6	2.158	0.131	4.859	0.005
	眼跳距离(度)	6	4.689	1.024	6	3.928	0.512	2.484	0.056
	瞳孔直径(机器值)	6	34.226	4.127	6	34.641	5.123	−0.791	0.465
汉语专业留学生	阅读成绩(分)	12	94.445	12.974	12	55.557	25.952	4.311	0.001
	百字时(秒/百字)	12	28.244	11.919	12	52.799	16.252	−9.316	0.000
	阅读速度(字/秒)	12	4.192	1.780	12	2.137	0.938	5.750	0.000
	阅读效率(字/秒)	12	3.965	1.845	12	1.139	0.557	5.706	0.000
	百字次(次/百字)	12	62.304	30.080	12	116.125	41.565	−8.077	0.000
	注视持续时间(秒)	12	0.304	5.359E−02	12	0.308	5.565E−02	−0.339	0.741
	注视频率(次/秒)	12	2.259	0.379	12	2.192	0.290	0.784	0.450
	眼跳距离(度)	12	4.557	1.070	12	4.454	0.768	0.300	0.769
	瞳孔直径(机器值)	12	35.391	4.792	12	34.849	4.500	1.331	0.210

表 23 内容显示：从阅读理解指标来看，中医专业韩国留学生由于对中医内容的熟悉度高，在阅读语言难度接近等值的两篇文章时，在阅读成绩、阅读时间、阅读速度和阅读效率等指标上差异均不显著；百字次差异不显著，注视频率差异非常显著。而汉语专业的留学生则在阅读成绩、阅读时间、阅读速度和阅读效率等指标上差异非常显著。说明主题熟悉度不同对汉语同水平的韩国留学生的阅读理解成绩具有显著影响。

从眼动指标来看，汉语同水平的韩国大学生阅读同文体不同熟悉度篇章时，注视持续时间、眼跳距离和瞳孔直径等阅读眼动指标上虽然不存在显著性差异,但阅读中医内容篇章时,汉语专业的韩国留学生与中医专业留学生相比,注视点次数更多、注视点持续时间更长、眼跳距离更小、注视频率更慢。说明汉语同水平的韩国留学生,因对篇章主题的熟悉度不同,所以对篇章即时加工的策略也有所不同。

(二) 阅读不同熟悉度篇章问题与正文部分眼动指标的比较

1. 注视点次数

将韩国留学生阅读同文体不同主题熟悉度篇章的问题部分和正文部分的百字注视点次数分别进行独立样本 t 检验,结果见表 24。

表 24 问题与正文部分注视点次数的比较

被试	主题	阅读问题部分的注视点次数(次/百字)			阅读正文部分的注视点次数(次/百字)			t	p
		N	平均数	标准差	N	平均数	标准差		
中医专业韩国留学生	一般说明文	6	76.691	15.809	6	57.482	12.099	1.819	0.143
	中医说明文	6	90.641	23.309	6	26.420	16.296	4.837	0.005
汉语专业韩国留学生	一般说明文	12	64.388	34.631	12	54.321	30.761	1.314	0.216
	中医说明文	12	149.936	61.505	12	82.809	35.1231	5.026	0.000

表 24 内容显示:韩国中医专业留学生阅读一般内容说明文时,问题部分百字注视点次数多于正文部分,但二者差异不显著;阅读熟悉度较高的中医内容说明文时,问题部分的注视点次数非常显著地多于正文部分。韩国汉语专业留学生阅读一般内容说明文时,问题部分注视点次数多于正文部分,但二者差异不显著;阅读熟悉度较低的中医内容说明文时,问题部分的注视点次数非常显著地多于正文部分。

比较韩国中医专业留学生和汉语专业留学生阅读同文体不同熟悉度篇章问题部分和正文部分百字注视点次数的平均数,发现主题熟悉度对汉语同水平留学生问题和正文部分的百字注视点次数均明显增加。

2. 阅读时间

将韩国留学生阅读同文体不同主题熟悉度篇章的问题部分和正文部分的百字用时分别进行独立样本 t 检验,结果见表 25。

表 25 问题与正文部分百字用时的比较

被试	主题	阅读问题部分的百字时（秒/百字）			阅读正文部分的百字时（秒/百字）			t	p
		N	平均数	标准差	N	平均数	标准差		
中医专业留学生	一般说明文	6	25.131	6.116	6	18.611	3.555	1.781	0.135
	中医说明文	6	34.874	10.863	6	9.454	6.306	4.148	0.009
汉语专业留学生	一般说明文	12	18.852	12.111	12	18.141	11.679	0.235	0.819
	中医说明文	12	47.583	24.197	12	27.287	13.706	4.409	0.001

表 25 内容显示：韩国中医专业留学生阅读一般内容说明文时，问题部分的阅读时间多于正文部分，但二者差异不显著；阅读熟悉度较高的中医内容说明文时，问题部分的阅读时间非常显著地多于正文部分。韩国汉语专业留学生阅读一般内容说明文时，问题部分的阅读时间多于正文部分，但二者差异不显著；阅读熟悉度较低的中医内容说明文时，问题部分百字阅读时间非常显著地多于正文部分。

3. 注视点持续时间

将韩国汉语同水平留学生阅读同文体不同主题熟悉度篇章的问题部分和正文部分的注视点持续时间分别进行独立样本 t 检验，结果见表 26。

表 26 问题与正文部分注视点持续时间的比较

被试	主题	阅读问题部分的注视点持续时间（秒）			阅读正文部分的注视点持续时间（秒）			t	p
		N	平均数	标准差	N	平均数	标准差		
中医专业大学生	一般说明文	6	0.322	6.355E-02	6	0.322	3.292E-02	0.008	0.994
	中医说明文	6	0.385	5.533E-02	6	0.374	7.747E-02	0.355	0.737
汉语专业大学生	一般说明文	12	0.274	5.186E-02	12	0.319	6.452E-02	−2.802	0.017
	中医说明文	12	0.303	5.226E-02	12	0.317	6.009E-02	−1.478	0.167

表 26 内容显示：韩国中医专业留学生阅读一般内容说明文和阅读熟悉度较高的中医内容说明文时，问题部分注视点持续时间均多于正文部分，但二者差异不显著。韩国汉语专业留学生阅读一般内容说明文和阅读熟悉度较低的中医内容说明文时，问题部分注视点持续时间均少于

正文部分，阅读一般内容说明文时问题部分与正文部分差异显著；阅读熟悉度较低的中医内容说明文时，问题部分与正文部分差异不显著。

4. 眼跳距离

将韩国留学生阅读同文体不同主题熟悉度篇章的问题部分和正文部分的眼跳距离分别进行独立样本 t 检验，结果见表 27。

表 27 问题与正文部分眼跳距离的比较

被试	主题	阅读问题部分的眼跳距离（度）			阅读正文部分的眼跳距离（度）			t	p
		N	平均数	标准差	N	平均数	标准差		
中医专业留学生	一般说明文	6	3.606	0.318	6	3.669	0.282	−0.300	0.776
	中医说明文	6	3.005	0.541	6	3.042	0.932	−0.085	0.936
汉语专业留学生	一般说明文	12	3.728	1.180	12	3.437	0.784	0.773	0.456
	中医说明文	12	3.083	0.589	12	3.198	0.460	−0.552	0.592

表 27 内容显示：韩国中医专业留学生阅读一般内容说明文和阅读熟悉度较高的中医内容说明文时，问题部分眼跳距离均多于正文部分，但二者差异不显著。韩国汉语专业留学生阅读一般内容说明文和阅读熟悉度较低的中医内容说明文时，问题部分眼跳距离均与正文部分差异不显著，阅读一般说明文时问题部分眼跳距离大于正文部分；阅读熟悉度较低的中医内容说明文时，问题部分眼跳距离小于正文部分。

5. 瞳孔直径

将韩国汉语同水平留学生阅读同文体不同主题熟悉度篇章的问题部分和正文部分的瞳孔直径分别进行配对 t 检验，结果见表 28。

表 28 问题与正文部分瞳孔直径的比较

被试	主题	问题部分的瞳孔直径（机器值）			正文部分的瞳孔直径（机器值）			t	p
		N	平均数	标准差	N	平均数	标准差		
中医专业留学生	一般说明文	6	34.537	4.289	6	34.206	3.934	0.615	0.566
	中医说明文	6	34.885	5.128	6	34.534	4.394	0.631	0.556
汉语专业留学生	一般说明文	12	36.370	4.834	12	35.447	4.931	1.840	0.093
	中医说明文	12	35.564	4.729	12	35.211	4.849	0.943	0.366

表 28 内容显示：韩国中医专业留学生阅读一般内容说明文和阅读熟悉度较高的中医内容说明文时，问题部分的瞳孔直径均大于正文部分，但二者差异不显著。韩国汉语专业留学生阅读一般内容说明文和阅读熟悉度较低的中医内容说明文时，问题部分的瞳孔直径均大于正文部分，但二者差异不显著。

四 分析与结论

（一）分析

考察韩国汉语同水平留学生阅读同文体但主题熟悉度不同的汉语篇章发现：对篇章主题熟悉能够在一定程度上提高韩国留学生汉语阅读理解水平。

从阅读成绩、阅读时间和阅读速度等阅读理解指标来看，中医专业留学生由于对中医内容的熟悉度高，在阅读语言难度接近等值的两篇文章时，在阅读成绩、阅读时间和阅读速度等指标上差异均不显著。而汉语专业的留学生则在阅读成绩、阅读时间、和阅读速度等指标上差异非常显著。说明主题熟悉度对同水平韩国留学生的阅读效率有显著影响。

从眼动指标来看，汉语同水平韩国留学生阅读不同熟悉度汉语说明文时，对篇章即时加工的策略不同。注视持续时间、眼跳距离和瞳孔直径等阅读眼动指标上虽然不存在显著性差异，但阅读中医内容篇章时，汉语专业的韩国留学生与中医专业留学生相比，注视点次数更多、注视点持续时间更长、眼跳距离更小、注视频率更慢。

将两篇同文体不同主题熟悉度汉语篇章划分为问题部分和正文部分两个兴趣区，发现阅读同文体不同主题熟悉度说明文时，中医专业和汉语专业韩国留学生在问题部分和正文部分的百字次和百字时上均存在显著性差异，而对一般内容说明文而言则均未发现显著性变化。另外，中医专业和汉语专业韩国留学生在不同主题熟悉度说明文的问题部分各眼动指标显著低于正文部分，说明韩国留学生在问题部分心理负荷加大，阅读策略与正文部分不同。

（二）结论

考察汉语同水平韩国留学生阅读不同主题熟悉度汉语篇章发现：

1. 同样汉语水平的韩国留学生阅读同文体的汉语篇章时,由于对主题的熟悉度不同,而在阅读效率上呈现出显著差异。

2. 将两篇同文体不同主题熟悉度汉语篇章划分为问题部分和正文部分两个兴趣区,同样汉语水平的韩国留学生阅读问题部分时所采取的阅读策略与阅读正文部分呈现出显著差异。

3. "图式"理论认为,读者的背景知识越丰富,就能够更多地将注意力集中在高级阶段的信息处理和提出假设上,从而达到对篇章的较好理解。本研究结果说明,对于第二语言学习者来说,一定的背景知识有助于他们对第二语言篇章的阅读理解。

第七章　中韩日大学生阅读汉语文本的眼动比较研究

一　中国大学生与韩国汉语高水平留学生阅读不同文体汉语篇章的眼动比较研究

(一) 问题的提出

人类对某种技能的掌握和运用并非直线式的提高，当达到一定水平后，常常会出现很长一段时间停滞不前的现象，在心理学中称这种现象为"高原现象"[①]。在对外汉语教学实践中，我们发现留学生在汉语学习过程中也普遍存在这种现象。在学习的初期，学生具有较强的学习动机，对新知识充满渴望，对学习充满信心。由于这一时期学习内容相对简单，留学生学习目标明确，学习动机强烈，学习中注意力相对集中，加之目前各学校的教学、学习环境良好，以及受外界语言大环境的熏陶等，因此汉语水平普遍提高很快。但经过一段时间相对集中的汉语技能训练，当留学生掌握的语言知识足以应付日常生活和交际以后，往往会出现一段汉语水平停滞不前的"高原期"。

起初我们认为这种现象的产生是由于留学生学习不刻苦或学习语言的能力达到了极限，属于个别现象，但经过长期观察，事实并非如此。通过对留学生汉语学习"高原现象"的研究和分析，我们发现这一现象产生的原因是比较复杂的，主要包括：(1) 新鲜感的衰退和学习热情的下降；(2) 身体、环境等因素的影响；(3) 受已掌握的知识及不良学习方法对汉语学习的限制和干扰；(4) 留学生非智力因素的差异。

经过实践，我们发现"高原现象"虽然在汉语学习中普遍存在，但并不是不可消除的，只要通过一系列有针对性的系统训练就可以有效地

---

① 张厚粲等. 心理学 [M]. 北京：中央广播电视大学出版社，1988：420

缩短学生的"高原期",甚至可以避免这一现象的产生。[①] 重点是找出留学生出现这种情况的问题所在。总结留学生最容易出现"高原现象"的时期,发现主要在学习汉语 1-2 年这一阶段。这一阶段的留学生一般达到汉语中等或中等偏上水平,通过了汉语水平考试(HSK)4-6级。如果找到汉语中上等留学生与汉语母语者在哪些指标上存在差距,对此进行针对性地汉语教学,就可以取得事半功倍的效果。

本研究就是在这样的背景下展开的。我们选取中国大学生和韩国汉语高水平留学生(通过 HSK6 级)为对象进行深入研究,实验借助眼动仪,记录被试在阅读过程中注视时间、注视点次数、注视持续时间、眼跳等眼动指标。考察韩国汉语高水平留学生阅读不同文体汉语篇章时与母语阅读者在哪些指标上存在差异,进行比较和分析,为针对汉语中高水平韩国留学生的汉语教学提供借鉴。

(二)研究方法

1. 被试

在天津外国语学院随机选取中国汉族大学生 24 名;在天津中医药大学、天津师范大学和天津外国语学院等三所高校随机选取汉语通过 HSK 考试(汉语水平考试)6 级的韩国留学生 18 名。被试中男 22 人,女 20 人,裸眼或矫正视力均在 1.0 以上。

2. 实验仪器

本实验使用的仪器为美国应用科学实验室(Applied Science Laboratory,ASL)生产的 504 型台式眼动仪。该仪器取样率为 50Hz,即以每秒 50 次的速度记录被试阅读时眼睛注视的位置、注视时间、注视次数、注视频率和瞳孔直径等数据。眼动仪配置有 19 英寸液晶显示器,作为材料呈现屏。

3. 实验设计

(1)实验设计

本研究实验采用 3(材料)×2(国别)的二因素混合设计。其中材料(记叙文、议论文、说明文)为被试内因素,国别(中、韩)为被试

[①] 于鹏,焦毓梅. 留学生汉语学习中"高原现象"的成因及对策[C]. 第一届国际高校汉语教学优秀成果交流研讨会论文集,韩国:图书出版貃日社,2007.5:66~73

间因素。实验材料为 4 篇不同文体的文章,其中 1 篇记叙文为练习准备材料,3 篇为正式实验材料,分别为记叙文、议论文、说明文(见附录 3)。

实验中采取轮组,共分为 3 组,各组文章呈现顺序分别为:

组 1:练习文章、汉语记叙文、汉语议论文、汉语说明文

组 2:练习文章、汉语议论文、汉语说明文、汉语记叙文

组 3:练习文章、汉语说明文、汉语记叙文、汉语议论文

每组分别由随机抽样的韩国留学生 6 人、中国大学生 8 人组成。

(2)实验材料

3 篇正式实验文章被试均未曾接触过,各篇文章难度控制在 HSK 考试 4 级与 6 级之间,材料经过五位对外汉语教师的等级评定,难度接近等值。

每篇文章均由正文和问题两部分组成,结构完整,详见附录 3。正文部分分为两个自然段,共计 270 个字符(包括标点符号);每篇文章有三道考查被试对正文理解的问题,其中两道可直接在正文中找到答案,另一道问题答案隐含在正文中,被试必须对文章做出一定的推理和分析才能正确回答。问题部分各篇文章字数不等。

实验材料的呈现时间不限,直到被试报告出问题的答案为止,这样的安排比较接近实际的阅读情境。

(三)眼动实验结果

1. 阅读成绩

将中国大学生与韩国汉语高水平留学生阅读不同文体汉语篇章的阅读成绩进行配对 t 检验,结果见表 29。表中"汉记"、"汉议"和"汉说"分别为汉语记叙文、汉语议论文和汉语说明文的简称,下同。

表 29 阅读成绩的比较

文体	中国大学生阅读成绩(分)			韩国汉语高水平留学生阅读成绩(分)			t	p
	N	平均数	标准差	N	平均数	标准差		
汉记	24	95.834	11.260	18	85.185	26.128	1.792	0.081
汉议	24	97.223	9.410	18	79.631	20.256	3.759	0.001
汉说	24	98.611	6.804	18	92.593	14.258	1.815	0.077

表29内容显示：阅读不同文体汉语篇章时，中国大学生的阅读成绩均高于韩国汉语高水平留学生。其中阅读汉语记叙文和说明文时，二者差异边缘显著；阅读汉语议论文时，二者差异极其显著。

中国大学生与韩国汉语高水平留学生在汉语议论文上差异非常显著的原因可能是由于议论文的文体结构特点，汉语议论文是韩国留学生阅读的难点。

2. 阅读时间

将中国大学生与韩国汉语高水平留学生阅读不同文体汉语篇章的百字阅读时间进行配对 t 检验，结果见表30。

表30 阅读时间的比较

文体	中国大学生阅读时间（秒/百字）			韩国汉语高水平留学生阅读时间（秒/百字）			t	p
	N	平均数	标准差	N	平均数	标准差		
汉记	24	14.484	5.041	18	35.866	12.921	−7.413	0.000
汉议	24	17.136	4.870	18	35.377	10.250	−7.662	0.000
汉说	24	10.281	3.207	18	27.941	9.883	−8.224	0.000

表30内容显示：阅读不同文体汉语篇章时，中国大学生的百字阅读时间均极其显著地少于韩国汉语高水平留学生。

3. 阅读速度

将中国大学生与韩国汉语高水平留学生阅读不同文体汉语篇章的阅读速度进行配对 t 检验，结果见表31。

表31 阅读速度的比较

文体	中国大学生阅读速度（字/秒）			韩国汉语高水平留学生阅读速度（字/秒）			t	p
	N	平均数	标准差	N	平均数	标准差		
汉记	24	7.612	2.228	18	2.845	0.891	8.559	0.000
汉议	24	6.151	1.774	18	2.941	0.783	7.153	0.000
汉说	24	10.524	3.545	18	4.021	1.479	7.304	0.000

表 31 内容显示：阅读不同文体汉语篇章时，中国大学生的阅读速度均极其显著地高于韩国汉语高水平留学生。

4. 注视次数

将中国大学生与韩国汉语高水平留学生阅读不同文体汉语篇章的百字注视次数进行配对 t 检验，结果见表 32。

表 32　注视次数的比较

文体	中国大学生注视次数（次/百字）			韩国汉语高水平留学生注视次数（次/百字）			t	p
	N	平均数	标准差	N	平均数	标准差		
汉记	24	46.539	16.081	18	84.531	33.870	−4.831	0.000
汉议	24	52.864	14.476	18	80.293	23.291	−4.695	0.000
汉说	24	33.306	10.274	18	64.013	24.993	−5.453	0.000

表 32 内容显示：阅读不同文体汉语篇章时，中国大学生的百字注视次数均极其显著地少于韩国汉语高水平留学生。

5. 注视点持续时间

将中国大学生与韩国汉语高水平留学生阅读不同文体汉语篇章的注视点持续时间进行配对 t 检验，结果见表 33。

表 33　注视点持续时间的比较

文体	中国大学生注视点持续时间（秒）			韩国汉语高水平留学生注视点持续时间（秒）			t	p
	N	平均数	标准差	N	平均数	标准差		
汉记	24	0.235	2.348E-02	18	0.307	6.702E-02	−4.916	0.000
汉议	24	0.234	1.692E-02	18	0.303	4.944E-02	−6.345	0.000
汉说	24	0.236	2.063E-02	18	0.309	4.934E-02	−6.584	0.000

表 33 内容显示：阅读不同文体汉语篇章时，中国大学生的注视点持续时间均极其显著地低于韩国汉语高水平留学生。

6. 注视频率

将中国大学生与韩国汉语高水平留学生阅读不同文体汉语篇章的注

视频率进行配对 t 检验，结果见表 34。

表 34　注视频率的比较

文体	中国大学生注视频率（次/秒）			韩国汉语高水平留学生注视频率（次/秒）			t	p
	N	平均数	标准差	N	平均数	标准差		
汉记	24	3.241	0.369	18	2.258	0.495	7.390	0.000
汉议	24	3.156	0.517	18	2.362	0.392	5.438	0.000
汉说	24	3.266	0.324	18	2.329	0.329	9.215	0.000

表 34 内容显示：阅读不同文体汉语篇章时，中国大学生的注视频率均极其显著地高于韩国汉语高水平留学生。

7. 眼跳距离

将中国大学生与韩国汉语高水平留学生阅读不同文体汉语篇章的眼跳距离进行配对 t 检验，结果见表 35。

表 35　眼跳距离的比较

文体	中国大学生眼跳距离（度）			韩国汉语高水平留学生眼跳距离（度）			t	p
	N	平均数	标准差	N	平均数	标准差		
汉记	24	4.718	0.708	18	4.218	1.017	1.880	0.067
汉议	24	5.089	0.524	18	4.379	0.835	3.377	0.002
汉说	24	5.020	0.633	18	4.601	1.027	1.629	0.111

表 35 内容显示：阅读不同文体汉语篇章时，中国大学生的眼跳距离均大于韩国汉语高水平留学生。阅读汉语记叙文时，二者差异边缘显著；阅读汉语议论文时，二者差异非常显著；阅读说明文时，二者差异不显著。

8. 瞳孔直径

将中国大学生与韩国汉语高水平留学生阅读不同文体汉语篇章的瞳孔直径进行配对 t 检验，结果见表 36。

表 36 瞳孔直径的比较

文体	中国大学生瞳孔直径（机器值）			韩国汉语高水平留学生瞳孔直径（机器值）			t	p
	N	平均数	标准差	N	平均数	标准差		
汉记	24	38.094	4.298	18	35.145	4.290	2.203	0.033
汉议	24	38.072	4.142	18	34.546	4.349	2.672	0.011
汉说	24	38.464	4.373	18	35.003	4.492	2.509	0.016

表 36 内容显示：阅读不同文体汉语篇章时，中国大学生的瞳孔直径均显著地大于韩国汉语高水平留学生。

（四）分析与结论

1. 分析

韩国汉语高水平留学生虽然通过了 HSK 考试 6 级，但与以汉语为母语的学习者之间还存在着非常显著的差距。具体分析如下：

从阅读成绩来看，中国大学生和韩国汉语高水平留学生在不同文体的阅读成绩上共同表现出以下特点：说明文最高，议论文居中，记叙文最低。随着汉语水平的提高，韩国汉语高水平留学生在阅读成绩上与中国大学生的差距逐渐缩小。

从阅读时间来看，中国说明文用时最少，记叙文居中，议论文用时最多。韩国汉语高水平留学生则说明文用时最少，议论文居中，记叙文用时最多。中国大学生阅读汉语记叙文时间是 14.484 秒/百字，汉语议论文是 17.136 秒/百字，汉语说明文是 10.281 秒/百字；韩国汉语高水平留学生阅读汉语记叙文时间是 35.866 秒/百字，汉语议论文是 35.377 秒/百字，汉语说明文是 27.941 秒/百字。以上数据可作为教师教学和韩国大学生阅读汉语篇章的参考指标。

从阅读速度来看，中国大学生阅读说明文最快，记叙文居中，议论文最慢。韩国汉语高水平留学生则说明文最快，议论文居中，记叙文最慢。中国大学生阅读汉语记叙文速度是 7.612 字/秒，汉语议论文是 6.151 字/秒，汉语说明文是 10.524 字/秒；韩国汉语高水平留学生（HSK6 级）阅读汉语记叙文百字时是 2.845 字/秒，汉语议论文是 2.941 字/秒，汉语说明文是 4.021 字/秒。以上数据可作为教师教学和韩国大学生阅读汉语篇章时的参考指标。

从百字注视点次数来看,中国大学生说明文最少,记叙文居中,议论文最多;韩国汉语高水平留学生则说明文最少,议论文居中,记叙文最多。这一结果与韩国留学生和中国韩语高水平大学生阅读不同文体韩语篇章的结果不同。测后访谈发现,由于汉语说明文是一篇介绍传统食品"粽子"的篇章,中国大学生和韩国汉语高水平留学生对这一内容非常熟悉,并且在他们所学的由北京大学和北京语言大学编的对外汉语教材中均有专门课文。对内容的熟悉性可能是说明文注视点较少的原因。另外,由于记叙文情节发展中有一冲突,通过眼动轨迹发现在这一区域中国大学生和韩国汉语高水平留学生注视点密集,这可能是记叙文注视点较多的原因。

从眼跳距离来看,中国大学生议论文最大,说明文居中,记叙文最小;韩国汉语高水平留学生则说明文最大,议论文居中,记叙文最小。对内容的熟悉性可能是说明文中眼跳距离最大的原因。

从瞳孔直径来看,不同文体差异显著,说明中国大学生和韩国汉语高水平留学生阅读不同文体时心理负荷不同。

2. 结论

考察中国大学生和韩国汉语高水平留学生阅读三种文体汉语篇章发现:

(1) 阅读不同文体的汉语篇章时,被试汉语水平的差异十分显著。在阅读成绩、阅读速度、阅读时间、注视点次数、注视点持续时间、注视频率和瞳孔直径等阅读指标上,韩国汉语高水平留学生显著地低于中国大学生。

(2) 实验数据显示议论文不仅是中国大学生阅读母语篇章的难点,也是韩国留学生阅读汉语篇章的难点。

二 中国大学生与韩国汉语高水平留学生阅读不同汉语主题熟悉度篇章的眼动比较研究

(一) 问题的提出

"图式"理论认为,读者的背景知识越丰富,就能够越多地将注意力集中在高级阶段的信息处理和提出假设上,从而达到对篇章的较好理解。这一理论观点已经得到我们前期实验的印证。考察汉语同水平的韩国留学生阅读同文体、不同主题熟悉度的汉语篇章,发现由于对主题熟悉程度的不同,在阅读理解上呈现出显著差异。

本研究在此基础上深入探讨主题熟悉度能够在多大程度上影响读者的阅读效率。我们选取中国大学生和韩国汉语高水平留学生为对象进行深入研究。两组被试存在汉语水平差异和对篇章主题熟悉度的差异。中国大学生为中文专业,属于汉语高水平组,但他们对中医内容的汉语篇章熟悉度较低;韩国留学生为中医专业,虽然汉语水平远不如中国大学生,但对中医内容的汉语篇章熟悉度远远高于中国大学生。实验借助眼动仪,记录被试在阅读过程中注视时间、注视点次数、注视持续时间、眼跳等眼动指标,用以揭示"图式"理论(Schema Theory)中"内容图式"对中国大学生和韩国留学生汉语阅读理解水平及阅读中眼动特征的影响,为针对汉语中高水平韩国留学生的汉语教学提供借鉴。

(二)研究方法

1. 被试

在天津师范大学和天津外国语学院随机选取中文专业的中国汉族大学生 24 名;在天津中医药大学随机选取学习中医专业的韩国留学生 6 人,汉语水平均在汉语水平考试(HSK)6 级以上。被试中男 18 人,女 12 人,裸眼或矫正视力均在 1.0 以上。

2. 实验仪器

本实验使用的仪器为美国应用科学实验室(Applied Science Laboratory,ASL)生产的 504 型台式眼动仪。该仪器取样率为 50Hz,即以每秒 50 次的速度记录被试阅读时眼睛注视的位置、注视时间、注视次数、注视频率和瞳孔直径等数据。眼动仪配置有 19 英寸液晶显示器,作为材料呈现屏。

3. 实验设计与材料

(1)实验设计:

本研究实验采用 2(材料)×2(专业水平)的二因素混合设计。其中材料(一般内容说明文、中医内容说明文)为被试内因素,中医知识丰富(中医专业韩国留学生)、中医知识不足(中国大学生)为被试间因素。实验材料为 3 篇同文体文章,其中 1 篇记叙文为练习准备材料，2篇为正式实验材料，分别为一般内容说明文和中医内容说明文（见附录3）。

实验中采取轮组，共分为2组，各组文章呈现顺序分别为：
组1：练习文章、一般内容说明文、中医内容说明文
组2：练习文章、中医内容说明文、一般内容说明文
每组分别由随机抽样的中医专业被试3人、汉语专业被试6人组成。

（2）实验材料：

2篇正式实验材料被试均未曾接触过，材料经过五位对外汉语教师的等级评定，难度接近等值。

每篇文章均由正文和问题两部分组成，结构完整。正文部分分为两个自然段，共计270个字符（包括标点符号）；每篇文章有三道考查被试对正文理解的问题，其中两道可直接在正文中找到答案，另一道问题答案隐含在正文中，被试必须对文章做出一定的推理和分析才能正确回答。问题部分各篇文章字数不等。

实验材料的呈现时间不限，直到被试报告出问题的答案为止，尽可能接近实际阅读情境。

（三）眼动实验结果

1. 阅读同文体、不同主题熟悉度篇章阅读理解指标和眼动指标的比较

（1）阅读成绩

将中国大学生与韩国留学生的阅读成绩进行独立样本 t 检验，结果见表37。

表37　阅读成绩的比较

材料	中国大学生阅读成绩（分）			韩国中医专业留学生阅读成绩（分）			t	p
	N	平均数	标准差	N	平均数	标准差		
一般内容说明文	24	98.611	6.804	6	88.890	17.212	2.234	0.034
中医内容说明文	24	73.613	19.608	6	88.890	17.212	−1.743	0.092

表37内容显示：阅读一般内容说明文时，中国大学生的阅读成绩

显著高于韩国中医专业留学生。阅读中医内容说明文时,中国大学生的阅读成绩低于韩国中医专业留学生,但二者差异不显著。由于对中医内容说明文的主题比较熟悉,韩国中医专业留学生在两篇文章的平均成绩是一样的。而中国大学生在主题不熟悉的篇章上取得的成绩则远低于熟悉主题的文章。

(2) 阅读时间

将中国大学生与韩国留学生的百字阅读时间进行独立样本 t 检验,结果见表 38。

表 38　阅读时间的比较

材料	中国大学生阅读时间（秒/百字）			韩国中医专业留学生阅读时间（秒/百字）			t	p
	N	平均数	标准差	N	平均数	标准差		
一般内容说明文	24	10.281	3.207	6	27.335	4.353	−10.862	0.000
中医内容说明文	24	27.293	11.311	6	26.318	4.544	0.205	0.839

表 38 内容显示:阅读一般内容说明文时,中国大学生的百字阅读时间极其显著地少于韩国中医专业留学生。阅读中医内容说明文时,中国大学生的百字阅读时间多于韩国中医专业留学生,但二者差异不显著。

(3) 阅读速度

将中国大学生与韩国留学生的阅读速度进行独立样本 t 检验,结果见表 39。

表 39　阅读速度的比较

材料	中国大学生阅读速度（字/秒）			韩国中医专业留学生阅读速度（字/秒）			t	p
	N	平均数	标准差	N	平均数	标准差		
一般内容说明文	24	10.524	3.545	6	3.678	0.509	4.658	0.000
中医内容说明文	24	4.445	1.714	6	3.897	0.675	0.760	0.453

表 39 内容显示:阅读一般内容说明文时,中国大学生的阅读速度极其显著地优于韩国中医专业留学生。阅读中医内容说明文时,中国大学生的阅读速度优于韩国中医专业留学生,但二者差异不显著。

(4) 注视次数

将中国大学生与韩国留学生的注视次数进行独立样本 t 检验,结果见表40。

表40 注视次数的比较

材料	中国大学生注视次数（次/百字）			韩国中医专业留学生注视次数（次/百字）			t	p
	N	平均数	标准差	N	平均数	标准差		
一般内容说明文	24	33.306	10.274	6	67.430	10.603	−7.235	0.000
中医内容说明文	24	71.141	28.713	6	56.667	9.641	1.204	0.239

表40内容显示：阅读一般内容说明文时，中国大学生的百字注视点次数极其显著地低于韩国中医专业留学生。阅读中医内容说明文时，中国大学生的百字注视次数高于韩国中医专业留学生，但二者差异不显著。

(5) 注视点持续时间

将中国大学生与韩国留学生的注视点持续时间进行独立样本 t 检验，结果见表41。

表41 注视点持续时间的比较

材料	中国大学生注视点持续时间（秒）			韩国中医专业留学生注视点持续时间（秒）			t	p
	N	平均数	标准差	N	平均数	标准差		
一般内容说明文	24	0.236	2.063E−02	6	0.317	3.933E−02	−7.112	0.000
中医内容说明文	24	0.286	2.887E−02	6	0.435	0.190	−3.851	0.001

表41内容显示：阅读一般内容说明文时，中国大学生的注视点持续时间极其显著地少于韩国中医专业留学生。阅读中医内容说明文时，中国大学生的注视点持续时间非常显著地少于韩国中医专业留学生。

(6) 注视频率

将中国大学生与韩国留学生的注视频率进行独立样本 t 检验，结果见表42。

表 42 注视频率的比较

材料	中国大学生注视频率（次/秒）			韩国中医专业留学生注视频率（次/秒）			t	p
	N	平均数	标准差	N	平均数	标准差		
一般内容说明文	24	3.266	0.324	6	2.472	0.127	5.832	0.000
中医内容说明文	24	2.787	0.221	6	2.158	0.131	6.636	0.000

表 42 内容显示：阅读一般内容说明文和中医内容说明文时，中国大学生的注视频率均极其显著地高于韩国中医专业留学生。

（7）眼跳距离

将中国大学生与韩国留学生的眼跳距离进行独立样本 t 检验，结果见表 43。

表 43 眼跳距离的比较

材料	中国大学生眼跳距离（度）			韩国中医专业留学生眼跳距离（度）			t	p
	N	平均数	标准差	N	平均数	标准差		
一般内容说明文	24	5.020	0.634	6	4.688	1.026	1.009	0.321
中医内容说明文	24	4.782	0.587	6	3.927	0.512	3.266	0.003

表 43 内容显示：阅读一般内容说明文时，中国大学生的眼跳距离高于韩国中医专业留学生，但二者差异不显著。阅读中医内容说明文时，中国大学生的眼跳距离非常显著地高于韩国中医专业留学生。

（8）瞳孔直径

将中国大学生与韩国留学生阅读同文体、不同主题熟悉度汉语篇章的瞳孔直径进行配对 t 检验，结果见表 44。

表 44 瞳孔直径的比较

材料	中国大学生瞳孔直径（机器值）			韩国中医专业留学生瞳孔直径（机器值）			t	p
	N	平均数	标准差	N	平均数	标准差		
一般内容说明文	24	38.464	4.373	6	34.227	4.125	2.144	0.041
中医内容说明文	24	37.782	3.663	6	34.642	5.125	1.736	0.094

表 44 内容显示：阅读一般内容说明文时，中国大学生的瞳孔直径显著大于韩国中医专业留学生。阅读中医内容的说明文时，中国大学生的瞳孔直径大于韩国中医专业留学生，但二者差异不显著。

2. 阅读同文体、不同熟悉度篇章问题与正文部分眼动指标的比较

将同文体不同主题熟悉度汉语篇章划分为正文部分和问题部分，考察中国大学生与韩国中医专业留学生在两个区域内阅读眼动指标存在的差异。

（1）注视点次数

将中国大学生与韩国中医专业留学生阅读问题与正文部分时的百字注视点次数分别进行配对 t 检验，结果见表 45。

表 45　问题与正文部分百字注视点次数的比较

国别	文体	阅读问题部分的注视点次数（次/百字）			阅读正文部分的注视点次数（次/百字）			t	p
		N	平均数	标准差	N	平均数	标准差		
韩国	一般说明文	6	76.692	15.809	6	57.482	12.099	1.819	0.143
	中医说明文	6	90.642	23.309	6	26.420	16.296	4.837	0.005
中国	一般说明文	24	44.943	14.977	24	27.361	10.688	6.039	0.000
	中医说明文	24	94.551	33.604	24	50.262	24.445	7.595	0.000

表 45 内容显示：中国大学生在不同熟悉度汉语说明文的问题与正文部分的百字注视点次数差异均非常显著。韩国中医专业留学生阅读熟悉度较高的中医内容说明文时，问题部分和正文部分的百字注视点次数差异非常显著；阅读熟悉度较低的说明文时，问题部分和正文部分的百字注视点次数差异不显著。

分别考察中国大学生和韩国中医专业留学生阅读不同主题熟悉度的汉语说明文，发现韩国留学生阅读熟悉度较高的汉语说明文时，在问题部分百字注视点次数多于阅读一般熟悉度的汉语说明文时的注视点次数，但二者差异不显著；而在正文部分百字注视点次数显著少于阅读熟悉度较低汉语说明文时的百字注视点次数。中国大学生在阅读一般熟悉度的汉语说明文时，在问题部分和正文部分的百字用时均非常显著地少于阅读熟悉度较低的汉语说明文。说明阅读熟悉度较高的篇章时，阅读模式发生变化，问题和正文两个兴趣区的差异更加显著。

考察中国大学生与韩国留学生阅读中医内容说明文的情况,发现韩国留学生无论在问题部分还是正文部分,注视点次数均少于中国大学生。而阅读一般内容说明文时,无论在问题部分还是在正文部分,韩国留学生注视点次数均多于中国大学生。说明无论在问题部分还是在正文部分,主题熟悉度对阅读篇章的注视点次数有一定影响。

(2) 百字用时

将中国大学生与韩国中医专业留学生阅读问题与正文部分时的百字用时分别进行配对 t 检验,结果见表46。

表46 问题与正文部分百字用时的比较

国别	文体	阅读问题部分的百字时(秒/百字)			阅读正文部分的百字时(秒/百字)			t	p
		N	平均数	标准差	N	平均数	标准差		
韩国	一般说明文	6	25.132	6.116	6	18.613	3.555	1.781	0.135
	中医说明文	6	34.875	10.863	6	9.455	6.306	4.148	0.009
中国	一般说明文	24	11.011	3.793	24	6.220	2.622	6.118	0.000
	中医说明文	24	27.386	11.533	24	14.659	8.615	6.883	0.000

表46内容显示:中国大学生在不同熟悉度汉语说明文的问题部分和正文部分的百字用时差异均非常显著。韩国中医专业留学生阅读熟悉度较高的中医内容说明文时,问题部分和正文部分的百字用时差异非常显著;阅读一般熟悉度的说明文时,问题部分和正文部分的百字用时差异不显著。

分别考察中国大学生和韩国中医专业留学生阅读不同主题熟悉度的汉语说明文,发现韩国留学生阅读熟悉度较高汉语说明文时,在问题部分百字用时显著高于一般熟悉度的汉语说明文,而在正文部分百字用时显著少于一般熟悉度的汉语说明文。中国大学生在阅读一般熟悉度的汉语说明文时,在问题部分和正文部分的百字用时均非常显著地少于熟悉度较低的汉语说明文。说明阅读熟悉度较高的篇章时,阅读模式发生变化,问题和正文两个兴趣区的差异更加显著。

考察中国与韩国大学生阅读中医内容说明文的情况,发现韩国留学生在问题部分百字用时多于中国大学生,而在正文部分的百字用时上却少于中国大学生。而阅读一般内容说明文时,无论在问题部分还是在正文部分,韩国留学生百字用时均少于中国大学生。说明无论在正文部分还是问题部分,主题熟悉度对阅读篇章的百字用时有一定影响。

(3) 注视点持续时间

将中国大学生与韩国中医专业留学生阅读问题与正文部分时的注视点持续时间分别进行配对 t 检验,结果见表 47。

表 47　问题与正文部分注视点持续时间的比较

国别	文体	阅读问题部分的注视点持续时间（秒）			阅读正文部分的注视点持续时间（秒）			t	p
		N	平均数	标准差	N	平均数	标准差		
韩国	一般说明文	6	0.322	6.355E-02	6	0.322	3.292E-02	0.008	0.944
	中医说明文	6	0.385	5.533E-02	6	0.374	7.747E-02	0.355	0.737
中国	一般说明文	24	0.246	1.908E-02	24	0.226	2.564E-02	3.751	0.001
	中医说明文	24	0.285	3.082E-02	24	0.285	3.620E-02	0.082	0.935

表 47 内容显示:中国大学生阅读一般熟悉度的汉语说明文时,在问题部分和正文部分的注视点持续时间差异非常显著;阅读熟悉度较低的说明文时,在问题部分和正文部分的注视点持续时间差异不显著。韩国中医专业留学生阅读不同熟悉度的汉语说明文时,在问题部分和正文部分注视点持续时间的差异均不显著。

分别考察中国大学生与韩国中医专业留学生阅读不同主题熟悉度的汉语说明文,发现韩国留学生阅读熟悉度较高汉语说明文时,在问题部分平均注视点持续时间显著高于一般熟悉度的汉语说明文,而在正文部分注视点持续时间与阅读一般熟悉度汉语说明文时注视点持续时间差异不显著。中国大学生在阅读一般熟悉度的汉语说明文时,在问题部分和正文部分的百字用时均非常显著地少于熟悉度较低的汉语说明文。

考察中国大学生与韩国留学生阅读不同熟悉度汉语说明文的情况,发现韩国留学生无论在问题部分还是正文部分,注视点持续时间均多于中国大学生。说明无论在问题部分还是在正文部分,虽然主题熟悉度对阅读篇章的有一定影响,但汉语水平也是影响阅读的重要因素。

(4) 眼跳距离

将中国大学生与韩国中医专业留学生阅读问题与正文部分时的眼跳距离分别进行配对 t 检验，结果见表 48。

表 48　问题与正文部分眼跳距离的比较

国别	文体	阅读问题部分的眼跳距离（度）			阅读正文部分的眼跳距离（度）			t	p
		N	平均数	标准差	N	平均数	标准差		
韩国	一般说明文	6	3.605	0.318	6	3.669	0.282	−0.300	0.776
	中医说明文	6	3.005	0.541	6	3.042	0.932	−0.085	0.936
韩国	一般说明文	24	4.037	0.747	24	4.883	0.706	−4.884	0.000
	中医说明文	24	3.365	0.481	24	4.115	0.605	−4.835	0.000

表 48 内容显示：中国大学生阅读不同熟悉度汉语说明文时，在问题部分和正文部分的眼跳距离均差异非常显著。韩国中医专业留学生阅读不同熟悉度汉语说明文时，在问题部分和正文部分的眼跳距离均差异不显著。

分别考察中国大学生和韩国中医专业留学生阅读不同主题熟悉度的汉语说明文，发现韩国留学生阅读熟悉度较高汉语说明文时，在问题部分眼跳距离小于阅读一般熟悉度汉语说明文时的眼跳距离，二者差异边缘显著；而在正文部分眼跳距离与阅读一般阅读熟悉度汉语说明文时的眼跳距离差异不显著。中国大学生在阅读一般熟悉度的汉语说明文时，在问题部分和正文部分的百字用时均非常显著地少于阅读熟悉度较低的汉语说明文。说明熟悉度对问题和正文两个兴趣区内的眼跳距离有一定影响，但不显著。

考察中国大学生与韩国留学生阅读不同主题熟悉度说明文的情况，发现韩国留学生无论在问题部分还是正文部分，眼跳距离均少于中国大学生。说明无论在问题部分还是在正文部分，虽然主题熟悉度对阅读篇章的有一定影响，但汉语水平还是影响阅读的重要因素。

(5) 瞳孔直径

将中国大学生与韩国中医专业留学生阅读问题与正文部分时的瞳孔直径分别进行配对 t 检验，结果见表 49。

表 49　问题与正文部分瞳孔直径的比较

国别	文体	阅读问题部分的瞳孔直径（机器值）			阅读正文部分的瞳孔直径（机器值）			t	p
		N	平均数	标准差	N	平均数	标准差		
韩国	一般说明文	6	34.537	4.289	6	34.206	3.934	0.615	0.566
	中医说明文	6	34.883	5.128	6	34.533	4.394	0.631	0.556
韩国	一般说明文	24	38.926	4.548	24	37.830	4.304	4.301	0.000
	中医说明文	24	38.041	4.077	24	37.316	3.708	3.436	0.002

表 49 内容显示：中国大学生阅读不同熟悉度汉语说明文时，在问题部分和正文部分的瞳孔直径均差异非常显著。韩国中医专业留学生阅读不同熟悉度汉语说明文时，在问题部分和正文部分的瞳孔直径均差异不显著。

分别考察中国大学生和韩国中医专业留学生阅读不同主题熟悉度的汉语说明文，发现韩国留学生阅读熟悉度较高的汉语说明文时，在问题部分和正文部分瞳孔直径均大于阅读一般熟悉度的汉语说明文，但二者差异不显著。中国大学生在阅读一般熟悉度的汉语说明文时，在问题部分瞳孔直径大于熟悉度较低的汉语说明文，二者差异边缘显著；在正文部分瞳孔直径大于熟悉度较低的汉语说明文，二者差异不显著。说明熟悉度对问题和正文两个兴趣区内的眼跳距离有一定影响，但不显著。

（四）分析与结论

1. 分析

考察中国大学生和韩国中医专业留学生阅读不同主题熟悉度汉语说明文，发现对篇章主题熟悉能够在一定程度上补偿韩国留学生语言水平的不足。在主题熟悉度一般的汉语篇章上，中医专业韩国留学生阅读成绩、阅读时间、阅读速度和阅读效率均显著低于中国大学生。但在主题熟悉度较高的汉语篇章上，韩国留学生阅读成绩、阅读时间、阅读速度和阅读效率均超过中国大学生。充分说明了背景知识对语言知识的补充作用。

在阅读成绩上，韩国中医专业留学生和中国大学生阅读不同主题熟悉度汉语篇章差异显著。比较双方阅读成绩发现，在一般熟悉度说明文上，中国大学生阅读成绩显著高于韩国大学生；而对于韩国中医专业留学生较熟悉的中医内容说明文，韩国留学生的阅读成绩则显著高于中国大学生。

在阅读时间上，韩国中医专业留学生和中国大学生阅读不同主题熟悉度汉语篇章差异显著。比较双方阅读时间发现，在一般熟悉度说明文上，中国大学生百字用时显著少于韩国留学生；而在韩国中医专业留学生较熟悉的中医内容说明文上，韩国大学生的百字用时则少于中国大学生。

在阅读速度上，韩国中医专业留学生和中国大学生阅读不同主题熟悉度汉语篇章差异显著。比较双方阅读速度发现，在一般熟悉度说明文上，中国大学生阅读速度显著高于韩国留学生；而对于韩国中医专业留学生较熟悉的中医内容说明文上，中国大学生阅读速度虽然高于韩国留学生，但差异不显著。

比较双方注视点次数发现，在一般熟悉度说明文上，中国大学生百字注视点次数显著少于韩国留学生；而在韩国中医专业留学生较熟悉的中医内容说明文上，韩国留学生的百字注视点次数则显著少于中国大学生。

比较双方注视点持续时间发现，在不同主题熟悉度说明文上，中国大学生注视持续时间均显著少于韩国留学生。韩国中医专业留学生在较熟悉的中医内容说明文的注视持续时间长于一般说明文。

比较双方注视频率和眼跳距离发现，在不同主题熟悉度说明文上，中国大学生注视频率和眼跳距离均显著高于韩国中医专业留学生。

将两篇文章划分为问题部分和篇章部分两个兴趣区，在问题部分和正文部分进行比较，发现中国大学生在百字注视点、百字时、注视点持续时间、眼跳距离和瞳孔直径上差异均显著（阅读中医内容说明文除外）。而韩国中医专业留学生在阅读一般内容说明文时，问题部分与正文部分均差异不显著；只在阅读熟悉度较高的中医内容说明文时，在百字时和百字持续时间上，问题部分和正文部分差异非常显著。

2. 结论

考察中国大学生和韩国中医专业留学生阅读同文体不同主题熟悉度汉语篇章发现：

（1）对主题熟悉能够在一定程度上补偿韩国留学生语言水平的不足。当韩国留学生阅读主题熟悉度高的中医内容说明文时，在阅读成绩、阅读时间、注视点次数等指标上均优于中国大学生。

（2）将两篇文章划分为问题部分和正文部分两个兴趣区，发现中国大学生和韩国留学生阅读问题部分时所采取的阅读策略与阅读正文部分时呈现出显著差异。

三　日本留学生阅读有无词界标汉语文本的眼动研究

（一）问题的提出

与韩国一样，日本也是中国一衣带水的近邻，在历史上也属于汉字文化圈的国家。日本留学生的母语是日语，属于黏着语。日语文本是由日本汉字、平假名、片假名三种不同的书写系统混合构成。日本汉字多表意且有多种发音；平假名常用于标志语法结构，而片假名主要用于书写外国名和外来语。日语与韩语不同，日语虽是拼音文字，但书面文本中同时夹有汉字，词与词之间不存在词边界标记。如：ちょっと助けてもらえますか？（你能帮助我吗？）

由于日语中不存在词界标，因此本实验希望考察验证以下问题：

1. 有无词界标是否影响日本留学生汉语文本的知觉策略和阅读模式？

2. 阅读汉语文本时，日本留学生对信息加工的方式是否与韩国留学生存在差异？

（二）研究方法

1. 被试

被试为26名天津师范大学国际交流学院的日本留学生，裸眼或矫正视力1.0以上，其中男女各半，平均年龄23岁，汉语水平为HSK4—6级。

2. 实验设计

同本书第四章实验

3. 实验材料

同本书第四章实验

4. 实验仪器

同本书第四章实验

5. 实验程序

同本书第四章实验

(三) 实验结果

1. 日本留学生眼动指标的整体分析

对呈现方式的四个水平(正常无空格、词间空格、字间空格、非词空格)以被试(F_1)和项目(F_2)分别进行重复测量方差分析,结果见表50。

表50 日本留学生汉语文本阅读整体指标的结果

眼动指标	呈现条件			
	正常无空格	词间空格	字间空格	非词空格
平均注视时间(ms)	253 (31)	228 (30)	225 (29)	239 (32)
句子阅读时间(ms)	5215 (1487)	4788 (1282)	5447 (1540)	5961 (1487)
阅读速度(字/分钟)	188 (53.8)	202 (53.4)	180 (50.0)	160 (41.7)
平均眼跳幅度(字空格)	3.1 (0.5)	4.4 (0.6)	4.7 (0.6)	3.8 (0.5)
向前眼跳幅度(字空格)	2.7 (0.5)	3.6 (0.6)	3.8 (0.5)	3.3 (0.5)
向后眼跳幅度(字空格)	5.3 (1.4)	8.1 (2.1)	8.9 (2.1)	6.3 (1.7)
注视次数	17.6 (5.0)	17.3 (4.0)	20.0 (4.8)	20.9 (4.6)
向前眼跳次数	11.8 (3.2)	11.9 (2.6)	14.7 (3.2)	14.2 (3.1)
向后眼跳次数	4.3 (1.4)	4.2 (1.1)	4.6 (1.6)	5.4 (1.5)

注:各因变量在四种条件下的平均值和标准差。

(1) 平均注视时间

平均注视时间在四种呈现条件下有显著差异[$F_1(3, 57) = 55.7$, $p < 0.01$; $F_2(3, 189) = 48.6$, $p < 0.01$]。为考察各呈现条件之间的差异,采用了Tukey检验,发现日本留学生在正常无空格条件下的平均注视时间显著长于词间空格和字间空格($p < 0.01$),但与非词空格条件下的平均注视时间无显著差异。

(2) 平均眼跳幅度

在平均眼跳幅度指标上,各呈现条件有显著差异[$F_1(3, 57) = $

211.2，$p<0.01$；$F_2(3, 189)=144.2$，$p<0.01$]。日本留学生在正常无空格条件下平均眼跳幅度显著短于其他各条件，这一指标与文本的水平分布情况有关。随着空格的插入，水平空间分布上汉字的密度逐渐减小，平均眼跳幅度逐渐加大。正常无空格条件下，汉字水平分布密度最大，词间空格和非词空格稍小，字间空格汉字密度最小，信息量也最小。因此，在一定的知觉广度下，留学生在阅读信息量大的文本时倾向于做出较小幅度的眼跳，而在阅读信息量大的文本时，则倾向于做出长距离的眼跳，以获取更多有用信息。值得注意的是，而在非词条件下，相较于同等句子长度的词间空格条件（两种条件下均插入同等数量的空格，句子长度相等），由于加工非词的难度更大，因此眼跳幅度相对更小。

（3）向前眼跳次数

在向前眼跳次数这一指标上有显著差异 [$F_1(3, 57)=55.1$，$p<0.01$；$F_2(3, 189)=25.2$，$p<0.01$]，但正常无空格与词间空格条件下无显著差异，字间空格与非词空格条件下也无显著差异。日本留学生在字间与非词空格条件下比正常无空格和词间空格条件下做出更多的向前眼跳。

（4）向前眼跳幅度

在向前眼跳幅度上，呈现条件有显著差异 [$F_1(3, 57)=142.8$，$p<0.01$；$F_2(3, 189)=168.8$，$p<0.01$]。日本留学生在正常无空格条件下做出最短的向前眼跳，字间空格条件下最长。因为正常无空格条件下，信息密度最大，学生眼跳幅度最短。

（5）向后眼跳次数

在向后眼跳次数这一指标上有显著差异 [$F_1(3, 57)=16.1$，$p<0.01$；$F_2(3, 189)=9.4$，$p<0.01$]。非词条件下由于日本留学生需要不断地在插入空格的文本中搜寻词语，将非词整合成词，加工难度大，因此回视增多。

（6）向后眼跳幅度

在向后眼跳幅度这一指标上，呈现条件有显著差异 [$F_1(3, 57)=52.3$，$p<0.01$；$F_2(3, 189)=50.1$，$p<0.01$]。日本留学生在正常无空格条件下向后眼跳幅度更短，字间空格条件下最长。

(7) 注视次数

各呈现条件在注视次数上有显著差异 $[F_1(3, 57)=36.7, p<0.01; F_2(3, 189)=11.9, p<0.01]$。日本留学生在词间空格与正常无空格条件下的注视次数无显著差异，且均显著少于字间与非词空格条件下的注视次数。

(8) 句子阅读时间

在句子阅读时间上，不同呈现方式之间差异显著 $[F_1(3, 57)=28.7, p<0.01; F_2(3, 189)=9.0, p<0.01]$。正常无空格与字间空格和非词空格条件下句子阅读时间无显著差异，但日本留学生在词间空格条件下阅读时间显著短于正常无空格条件下句子阅读时间。

(9) 阅读速度

在阅读速度这一指标上，各呈现条件之间有显著差异 $[F_1(3, 57)=40.0, p<0.01; F_2(3, 189)=9.9, p<0.01]$。日本留学生在非词空格条件下阅读速度显著慢于其他各条件下阅读速度，正常无空格条件下与字间空格条件下在阅读速度上无显著差异，词间空格条件下阅读速度显著快于正常无空格条件下阅读速度。

以上数据表明，非词空格相对于其他空格条件加工难度大，致使句子阅读时间显著长于其他条件下，而且在阅读的过程中回视次数多，这说明日本留学生需要多次加工才能提取词义理解句子。此外，学生在词间空格条件下的句子阅读时间显著短于正常无空格条件下的阅读时间，而且阅读速度显著加快，这说明词界标的插入使得词变得更显著，也更易于识别，进而说明词切分在某种程度上确实起到了促进阅读的作用。相比之下，字间空格的阅读时间与正常无空格条件下相近，既未产生促进作用也未产生阻碍作用。

2. 日本留学生眼动指标的局部分析

本研究采用的五种局部分析，详见（第四章三（三）2. 韩国留学生眼动指标的局部分析），进行词间空格与非词空格条件下词的比较、字间空格与非词空格条件下词的比较、正常无空格与词间空格条件下词的比较、词间空格与字间空格条件下词的比较、字间空格与非词空格条件下字的比较。结果见表51。

表 51 日本留学生汉语文本阅读局部指标的结果

局部分析	条件	FFD	SFD	Gaze	TT	FC	TC
1	词间	233(35)	236(47)	344(85)	550(137)	1.48(0.2)	2.39(0.5)
	非词	244(39)	247(48)	376(74)	689(145)	1.58(0.2)	2.92(0.6)
2	字间	228(30)	230(34)	304(64)	504(132)	1.35(0.2)	2.56(0.5)
	非词	241(35)	234(36)	370(73)	685(143)	1.57(0.3)	2.92(0.6)
3	正常	259(37)	259(41)	369(66)	622(123)	1.44(0.2)	2.46(0.5)
	词间	243(31)	239(34)	288(59)	441(119)	1.21(0.2)	1.87(0.5)
4	词间	231(33)	234(42)	334(70)	530(117)	1.45(0.2)	2.33(0.5)
	字间	228(30)	222(40)	296(54)	485(111)	1.32(0.1)	2.19(0.5)
5	字间	230(36)	234(45)	230(36)	279(61)	/	1.25(0.2)
	非词	226(43)	220(47)	226(43)	271(55)	/	1.23(0.2)

注：FFD 为首次注视时间；SFD 为单一注视时间；Gaze 为凝视时间；TT 为阅读时间；FC 为第一遍注视次数；TC 为注视次数；/为无数值。

第一种局部分析是对词间空格与非词空格条件下包含两个汉字和一个空格区域的比较。在划定兴趣区时，将词间空格条件下两个汉字及其之前的一个空格划入，而在非词空格条件下划入两个汉字及其之间的一个空格，以保证两种条件下的兴趣区在物理空间大小、文字内容上完全一致，只有空格造成的文字的分布不同。将词及词前空格划入兴趣区，以防注视的过程中存在预视，词后空格包含的是对下一个词的加工，所以将词前而非词后的空格划入兴趣区。

在首次注视时间上 $t_1(19)=-2.37$，$p<0.05$；$t_2(63)=-2.15$，$p<0.05$），词间空格与非词空格条件之间有显著差异，而在单一注视时间上 $t_1(19)=-1.18$，$p>0.05$；$t_2(63)=0.21$，$p>0.05$ 无显著差异。凝视时间上两种条件之间存在显著差异 $t_1(19)=-3.50$，$p<0.01$；$t_2(63)=-2.70$，$p<0.01$，非词空格条件下的凝视时间（375ms）显著长于字间空格的凝视时间（344ms）。在阅读时间这一指标上也有类似的结果 $t_1(19)=-7.29$，$p<0.01$；$t_2(63)=-5.39$，$p<0.01$。在注视次数 $t_1(19)=-6.40$，$p<0.01$；$t_2(63)=-5.56$，$p<0.01$ 和第一遍注视次数 $t_1(19)=-2.64$，$p<0.01$；$t_2(63)=-3.09$，$p<0.01$ 上，

两种条件之间均存在显著差异。

在第二种局部分析中,对字间空格与非词空格条件下包含两个汉字和一个空格的区域进行比较。发现字间空格与非词空格条件下,首次注视时间 $t_1(19)=-3.46$,$p<0.01$;$t_2(63)=-2.52$,$p<0.01$ 有显著差异,而在单一视时间上未发现显著差异 $t_1(19)=-0.70$,$p>0.05$;$t_2(63)=-0.15$,$p>0.05$。在凝视时间 $t_1(19)=-7.23$,$p<0.01$;$t_2(63)=-2.08$,$p<0.05$ 和阅读时间 $t_1(19)=-9.44$,$p<0.01$;$t_2(63)=-5.79$,$p<0.01$ 上存在显著差异。非词空格下的凝视时间和阅读时间(分别为370ms 和685ms)显著长于字间空格下的凝视时间和阅读时间(分别为304ms 和504ms)。在非词空格条件下注视次数和第一遍注视次数均较多(分别为2.92 和1.57),而在字间空格下注视次数和第一遍注视次数则相对较少(分别为2.56 和1.53),且两种条件在这两个指标上均呈显著差异 $t_1(19)=-8.00$,$p<0.01$;$t_2(63)=-7.32$,$p<0.01$;$t_1(19)=-7.09$,$p<0.01$;$t_2(63)=-5.90$,$p<0.01$。

在第三种局部分析中,对正常无空格与词间空格条件下包含两个汉字的区域进行比较。两种条件下对两字的首次注视时间 $t_1(19)=3.86$,$p<0.01$;$t_2(63)=3.55$,$p<0.01$ 和单一注视时间 $t_1(19)=4.07$,$p<0.01$;$t_2(63)=4.34$,$p<0.01$ 上均发现显著差异。在凝视时间上,两种条件之间存在显著差异 $t_1(19)=8.61$,$p<0.01$;$t_2(63)=7.68$,$p<0.01$,词间空格条件下凝视时间(288ms)显著少于正常无空格条件下的凝视时间(369ms)。与此相类似,在阅读时间上,词间空格条件下的阅读时间(441ms)显著少于正常无空格条件下的阅读时间(622ms)$t_1(19)=12.47$,$p<0.01$;$t_2(63)=8.71$,$p<0.01$。两种条件在注视次数 $t_1(19)=11.05$,$p<0.01$;$t_2(63)=7.32$,$p<0.01$ 和第一遍注视次数 $t_1(19)=7.34$,$p<0.01$;$t_2(63)=6.22$,$p<0.01$ 上也存在显著差异。较多的注视和第一遍注视发生在正常无空格条件下(分别为2.46 和1.44),而词间空格条件下(分别为1.87 和1.21)相对较少。相对于阅读正常无空格条件下的文本,日本留学生在阅读词间空格文本时的阅读时间更短、注视次数更少。由此可知插入词界标促进了日本留学生汉语文本的阅读。

在第四种局部分析中,对词间空格与字间空格条件下的包含的两个汉字和一个空格的区域进行比较。两种条件下在两字词的首次注视时间 $t_1(19)=1.09$，$p>0.05$；$t_2(63)=0.51$，$p>0.05$ 和单一注视时间 $t_1(19)=1.68$，$p>0.05$；$t_2(63)=1.12$，$p>0.05$ 上未发现显著差异。

凝视时间、阅读时间上两种条件之间存在显著差异 $t_1(19)=4.55$，$p<0.01$；$t_2(63)=4.48$，$p<0.01$；$t_1(19)=3.56$，$p<0.01$；$t_2(63)=2.23$，$p<0.05$。两种条件在注视次数 $t_1(19)=3.11$，$p<0.01$；$t_2(63)=1.88$，$p<0.05$ 和第一遍注视次数 $t_1(19)=4.46$，$p<0.01$；$t_2(63)=4.89$，$p<0.01$ 上也存在显著差异。

在第五种局部分析中，对字间空格与非词空格条件下包含单个汉字的区域进行比较，考察当插入空格形成非词时，与字间空格相比，对于单个汉字的加工是否会产生干扰作用。结果发现，两种条件在首次注视时间（$t_1(19)=0.36$，$p>0.05$；$t_2(45)=0.14$，$p>0.05$）、单一注视时间（$t_1(19)=0.36$，$p>0.05$；$t_2(45)=0.25$，$p>0.05$）、凝视时间（$t_1(19)=0.36$，$p>0.05$；$t_2(45)=0.14$，$p>0.05$）、阅读时间（$t_1(19)=0.39$，$p>0.05$；$t_2(45)=0.65$，$p>0.05$）、注视次数（$t_1(15)=0.33$，$p>0.05$；$t_2(45)=0.62$，$p>0.05$）等指标上，均未发现显著差异。

(四) 讨论

1. 整体分析

(1) 在平均注视时间上，日本留学生在正常无空格条件下的平均注视时间最长，非词空格条件下较长，词间空格条件下稍长，字间空格条件下最短。文字信息密度越大，平均注视时间越长，因此平均注视时间与句子中插入的空格数成反比。

(2) 四种呈现条件下的阅读时间差异显著，词间空格条件下阅读时间显著短于正常无空格条件下的阅读时间，表明词切分的呈现方式凸显出词单元易于识别。虽然正常无空格的汉语文本形式与日语的文本形式相似，都不存在空格这样的切分标记，但对于这种熟悉的文本形式日本留学生并未表现出某种偏好。与韩国留学生的眼动结果相似，日本留学生在非词空格条件下阅读时间显著长于其他各条件下的阅读时间，在字间空格条件下阅读时间与正常无空格条件下的阅读时间无显著差异。

(3) 平均眼跳幅度、向前眼跳幅度、向后眼跳幅度的呈现条件的主效应显著，且均呈现出在字间空格条件下眼跳幅度最长，词间空格条件下较长，非词空格条件下稍长，正常无空格条件下最短。句子中插入的空格数量越多，眼跳幅度越大，二者之间成正比。

（4）在注视次数、向前眼跳次数以及向后眼跳次数上，呈现条件的主效应显著。但在此三个指标上，正常无空格与词间空格条件之间均无显著差异。字间空格条件和非词空格条件下的注视次数和向前眼跳次数显著多于正常无空格和词间空格条件下的相应数据。这说明注视次数随句子长度的增长以及句子加工难度增加而增多。

2. 局部分析

局部分析着重考察对于以词或字为兴趣区的精细加工。对日本留学生的眼动数据也采取了五种局部分析方式，与韩国留学生数据分析相同。结果发现总体来讲，与韩国留学生的数据呈现相同的趋势，这也在一定程度上说明结果对于不同语言背景下的阅读者存在着一定的规律性。

局部分析一，首次注视时间和单一注视时间在词间空格和非词空格条件下并未发现显著差异，但在凝视时间、阅读时间、注视次数以及第一遍注视次数这几个深层加工指标上存在显著差异。由此推断，在注视时间上未出现差异可能是由于对于词的加工充分，而对于非词的加工困难。词间空格条件下，空格的插入使得词语单元被迅速知觉，在注视初期即可获得高水平的充分加工，因此耗时较长。但非词条件下，空格的插入割裂了词义，在注视初期留学生需有一个重新整合的过程，由于难度大而导致耗时较长。而当对兴趣区内的信息进行深层加工时，词间空格的优势显现出来，因此对兴趣区的凝视和阅读时间短，注视次数少。在整体分析中，在句长相等的情况下非词空格条件下的句子加工时间显著长于词间空格条件下句子的加工时间。因此这两种结果在某种程度上是一致的。

局部分析二与分析五都是在字间空格与非词空格条件下的比较，所不同的是一种是以词为兴趣区的，而另一种是以字为兴趣区的。把二者联合进行比较发现以字为兴趣区时，无论是在最初加工的指标上还是在反应深层加工的指标上均为发现显著差异，但是以词为兴趣区发现只有在单一加工时间上未发现显著差异，在首次注视时间、凝视时间、阅读时间、注视次数、第一遍注视次数上发现在非词空格条件下的加工要难于字间空格条件下的加工,这说明不正确的词切分会引起词语识别困难,造成阅读障碍。字间空格条件下由于字与字之间空格的插入,造成句子长度扩展为原句长的一倍,长于非词空格句子的长度。但在整体分析中,发现非词空格下的阅读时间显著长于字间空格条件下的阅读时间。整体分析和局部分析都说明对于非词的加工难度更大。

通过比较局部分析三中正常无空格与词间空格条件下的词语兴趣区发现,在所有指标上两种条件之间均存在显著差异。这说明对于句子中单个词语的加工上,在词间空格条件下注视时间更短,加工次数更少。空格作为一种界标,使词更容易知觉和识别,也促进了对词的加工和理解。由于两种条件下兴趣区内的内容是完全相同的,所以日本留学生在词间空格条件下加工时间短、次数少可归因于空格标示出了词语边界。这也与整体分析中发现的词间空格条件下的阅读时间长于正常无空格条件下的阅读时间一致。

局部分析四中发现,日本留学生在词间空格条件下比字间空格条件下对兴趣区的内容加工时间更长,这与整体分析中平均注视时间上的结果是一致的。由局部分析四得出的结果发现词间空格条件下兴趣区的注视时间长、次数多,看起来似乎词切分加工要难于字切分加工,但通过分析还存在一种可能的解释。首先,从兴趣区的构成上,两种条件下都包含一个双音词和一个空格,所不同的是词间空格条件下两个字紧密排列,而字间空格条件下同样的两个字是由空格隔开的。词间条件下被试把两个字组成的词作为一个单元进行整体加工,而在字间条件下同样的两个字是在字水平上被分别加工的,词加工水平更高也更复杂,因此加工时间更长,次数更多。整体分析中,虽然词间空格条件下的句子阅读时间显著短于字间空格条件下的句子阅读时间,但词间空格条件下的句长也短于字间空格句子长度,从这点上还不能说明词切分促进了阅读。但是在整体分析的注视次数这一指标上,字间空格条件下的注视次数显著多于词间空格条件下的注视次数($p<0.01$),这说明字间空格句子需要多次加工才能完成。结合局部分析的结果,推断日本留学生在阅读插入词界标的句子时,是对每个词进行充分加工,因此提取词义整合句子信息所需的注视较少,但在阅读插入字界标的句子时,只能达到单字水平上的识别,因此在加工句子时需要反复多次注视以整合词语。

(五) 结论

由本实验条件可得出以下结论:

1. 在词间插入界标形成非词的时候,对中级汉语水平的日本留学生的汉语阅读形成一定程度的干扰。

2. 正常无界标方式对中级汉语水平的日本留学生的汉语阅读既无促进作用又无阻碍作用。

3. 插入词界标对中级汉语水平的日本留学生的汉语阅读起到了促进作用。插入字界标对中级汉语水平的日本留学生的汉语阅读既无促进作用又无阻碍作用。由此推测日本留学生阅读汉语时信息加工的基本单位是词。

4. 从眼动指标上看,日本留学生阅读汉语文本的内部差异显著。阅读同一文本,汉语高水平学生比低水平学生阅读时间更短,注视次数更少。

5. 与韩国留学生阅读有无词界标汉文本的实验结果相一致,在汉文本中插入词界标能大大提高日本留学生的汉语阅读效率。建议今后在对日汉语初中级教材的排版时,改变现有排版方式,在汉语文本中插入词边界标记。

四 中国大学生阅读不同文体汉语篇章的眼动研究

(一) 问题的提出

在我国,部分学者已经认识到阅读不同问题时阅读者的眼动模式也呈现出不同的特点。沈德立、白学军等曾对不同年龄阶段学生记叙文阅读的眼动情况进行研究;沈德立、陶云对不同年龄阶段学生阅读有无插图说明文进行了研究;杨治良、阎国利对不同年龄阶段学生阅读科技说明文进行了研究;沈德立、陈向阳对不同年龄阶段学生阅读寓言性文章进行了研究。

这些研究深入分析了学生阅读中的阅读指标和眼动指标的差异,揭示了传统的阅读检测方法不能考察的问题,填补了汉语篇章阅读研究的空白,对指导教学具有重要意义。但是,这些研究大多从发展的角度进行分析,并没有考察不同文体间的差异。

本研究就是在这样的基础上展开的。考察中国学生阅读不同文体汉语篇章的眼动模式，并与韩国留学生阅读不同文体汉语篇章的眼动模式和心理加工过程进行比较，心理加工过程和阅读策略是否存在新手和熟练者的差异呢？

（二）研究方法

1. 被试

在天津外国语学院韩语系随机选取中国汉族大学生 24 名，其中男 12 人，女 12 人，裸眼或矫正视力均在 1.0 以上。

2. 实验设计

同本书第四章实验

3. 实验材料

同本书第四章实验

4. 实验仪器

同本书第四章实验

5. 实验程序

同本书第四章实验

（三）实验结果

1. 阅读不同汉语文体的阅读指标和眼动指标

（1）阅读成绩

经重复测量1个因素的2因素方差分析，结果见表52。

不同文体的阅读成绩中，汉语记叙文是 95.834 分，汉语议论文是 97.223 分，汉语说明文是 98.611 分；韩语高水平大学生阅读成绩是 96.297 分，低水平是 98.148 分。

表 52　阅读成绩

	变异来源	平方和	自由度	均方	F	p
被试内	文体	92.574	2	46.287	0.569	0.570
	文体×韩语水平	30.858	2	15.429	0.190	0.828
	残差	3579.531	44	81.353		
被试间	韩语水平	61.716	1	61.716	0.579	0.455
	残差	2345.210	22	106.600		

从方差分析的结果可知，文体主效应不显著（$F=0.569$，$p>0.05$），说明汉语不同文体对中国大学生的阅读成绩影响不显著。韩语水平主效应不显著（$F=0.579$，$p>0.05$），说明韩语水平高低对中国大学生阅读汉语篇章的阅读成绩影响不显著。汉语文体与韩语水平之间的交互作用不显著（$F=0.190$，$p>0.05$）。

（2）阅读时间

经重复测量1个因素的2因素方差分析，结果见表53。

在不同文体的百字阅读时间中，汉语记叙文是14.484秒，汉语议论文是17.136秒，汉语说明文是10.281秒；韩语高水平大学生是13.463秒，低水平是14.471秒。

表53 阅读时间

	变异来源	平方和	自由度	均方	F	p
被试内	文体	573.497	2	286.748	19.555	0.000
	文体×韩语水平	9.837	2	4.918	0.335	0.717
	残差	645.192	44	14.663		
被试间	韩语水平	18.268	1	18.268	0.580	0.454
	残差	693.240	22	31.511		

从方差分析的结果可知，文体的主效应极其显著（$F=19.555$，$p<0.01$），说明汉语不同文体对中国大学生的阅读时间影响非常显著。韩语水平的主效应不显著（$F=0.580$，$p>0.05$），说明韩语水平高低对中国大学生阅读汉语篇章的时间影响不显著。汉语文体与韩语水平之间的交互作用不显著（$F=0.335$，$p>0.05$）。

LSD比较发现，各文体之间均达到显著性水平，其中汉语记叙文与汉语说明文，汉语议论文与汉语说明文之间阅读时间差异非常显著。

（3）阅读速度

经重复测量1个因素的2因素方差分析，结果见表54。

在不同文体的阅读速度中，汉语记叙文是7.612字/秒，汉语议论文是6.151字/秒，汉语说明文是10.524字/秒；韩语高水平大学生是8.394字/秒，低水平是7.797字/秒。

表 54　阅读速度

	变异来源	平方和	自由度	均方	F	p
被试内	文体	237.880	2	118.940	25.692	0.000
	文体×韩语水平	1.233	2	0.616	0.133	0.876
	残差	203.699	44	4.630		
被试间	韩语水平	6.427	1	6.427	0.535	0.472
	残差	264.180	22	12.008		

从方差分析的结果可知，文体的主效应极其显著（$F=25.692$，$p<0.001$），说明汉语不同文体对中国大学生的阅读速度影响极其显著。韩语水平的主效应不显著（$F=0.535$，$p>0.05$），说明韩语水平高低对中国大学生阅读汉语篇章的速度影响不显著。汉语文体与韩语水平之间的交互作用不显著（$F=0.133$，$p>0.05$）。

LSD 比较发现，汉语各文体间的阅读速度均非常显著，其中汉语记叙文与汉语说明文，汉语议论文与汉语说明文之间阅读速度差异极其显著。

（4）注视次数

经重复测量 1 个因素的 2 因素方差分析，结果见表 55。

在不同文体的百字注视点次数中，汉语记叙文是 46.539 次/百字，汉语议论文是 52.863 次/百字，汉语说明文是 33.306 次/百字；韩语高水平大学生是 42.746 次/百字，低水平大学生是 45.726 次/百字。

表 55　注视次数

	变异来源	平方和	自由度	均方	F	p
被试内	文体	4781.011	2	2390.505	17.603	0.000
	文体×韩语水平	40.256	2	20.128	0.148	0.863
	残差	5975.331	44	135.803		
被试间	韩语水平	159.813	1	159.813	0.501	0.487
	残差	7019.100	22	319.050		

从方差分析的结果可知，文体的主效应极其显著（$F=17.603$，$p<0.001$），说明汉语不同文体对中国大学生的阅读注视点次数影响极其

显著。韩语水平的主效应不显著（$F=0.501$，$p>0.05$），说明韩语水平高低对中国大学生阅读汉语篇章的注视点次数影响不显著。汉语文体与韩语水平之间的交互作用不显著（$F=0.148$，$p>0.05$）。

LSD 比较发现，汉语记叙文与汉语说明文之间，汉语议论文与汉语说明文之间阅读注视点次数差异极其显著；汉语记叙文与汉语议论文之间阅读注视点次数差异边缘显著。

（5）注视点持续时间

经重复测量 1 个因素的 2 因素方差分析，结果见表 56。

在不同文体的注视点持续时间中，汉语记叙文是 0.235 秒，汉语议论文是 0.234 秒，汉语说明文是 0.235 秒；韩语高水平大学生是 0.233 秒，低水平大学生是 0.237 秒。

表 56 注视点持续时间

	变异来源	平方和	自由度	均方	F	p
被试内	文体	2.134E-05	2	1.067E-05	0.111	0.895
	文体×韩语水平	3.458E-05	2	1.729E-05	0.180	0.836
	残差	4.235E-03	44	9.625E-05		
被试间	韩语水平	2.299E-04	1	2.299E-04	0.206	0.654
	残差	2.455E-02	22	1.116E-03		

从方差分析的结果可知，文体的主效应不显著（$F=0.111$，$p>0.05$），说明汉语不同的文体对中国大学生阅读注视点持续时间的影响不显著。韩语水平的主效应不显著（$F=0.206$，$p>0.05$），说明韩语水平高低对中国大学生阅读汉语篇章的注视点持续时间影响不显著。汉语文体与韩语水平之间的交互作用不显著（$F=0.180$，$p>0.05$）。

（6）注视频率

经重复测量 1 个因素的 2 因素方差分析，结果见表 57。

在阅读不同文体的注视频率中，汉语记叙文是 3.241 次/秒，汉语议论文是 3.156 次/秒，汉语说明文是 3.266 次/秒；韩语高水平大学生是 3.226 次/秒，低水平大学生是 3.217 次/秒。

表 57 注视频率

	变异来源	平方和	自由度	均方	F	p
被试内	文体	0.161	2	8.074E-02	1.021	0.369
	文体×韩语水平	0.166	2	8.290E-02	1.048	0.359
	残差	3.480	44	7.908E-02		
被试间	韩语水平	1.473E-03	1	1.473E-03	0.004	0.950
	残差	8.043	22	0.366		

从方差分析的结果可知,文体的主效应不显著（$F=1.021$,$p>0.05$）,说明汉语不同文体对中国大学生阅读注视频率的影响不显著。韩语水平的主效应不显著（$F=0.004$,$p>0.05$）,说明韩语水平高低对中国大学生阅读汉语篇章的注视频率影响不显著。汉语文体与韩语水平之间的交互作用不显著（$F=1.048$,$p>0.05$）。

(7) 眼跳距离

经重复测量1个因素的2因素方差分析,结果见表58。

在不同文体的眼跳距离中,汉语记叙文是4.718度,汉语议论文是5.089度,汉语说明文是5.020度；韩语高水平大学生是4.995度,低水平大学生是4.890度。

表 58 眼跳距离

	变异来源	平方和	自由度	均方	F	p
被试内	文体	1.863	2	0.931	5.448	0.008
	文体×韩语水平	0.166	2	8.299E-02	0.486	0.619
	残差	7.521	44	0.171		
被试间	韩语水平	0.198	1	0.198	0.227	0.638
	残差	19.193	22	0.872		

从方差分析的结果可知,文体的主效应非常显著（$F=5.448$,$p<0.01$）,说明汉语不同文体对中国大学生平均眼跳距离的影响非常显著。韩语水平的主效应不显著（$F=0.227$,$p>0.05$）,说明韩语水平高低对中国大学生阅读汉语篇章的眼跳距离影响不显著。汉语文体与韩语水平之间的交互作用不显著（$F=0.486$,$p>0.05$）。

LSD 比较发现，汉语记叙文与汉语议论文之间差异非常显著；汉语记叙文与汉语说明文之间差异显著；而汉语议论文与汉语说明文之间平均眼跳距离差异不显著。

（8）瞳孔直径

经重复测量 1 个因素的 2 因素方差分析，结果见表 59。

在不同文体的瞳孔直径中，汉语记叙文是 38.094，汉语议论文是 38.071，汉语说明文是 38.464；韩语高水平大学生是 38.894，低水平大学生是 37.526。

表 59　瞳孔直径

	变异来源	平方和	自由度	均方	F	p
被试内	文体	2.326	2	1.163	2.299	0.112
	文体×韩语水平	4.094E-02	2	2.047E-02	0.040	0.960
	残差	22.251	44	0.506		
被试间	韩语水平	33.662	1	33.662	0.616	0.441
	残差	1203.196	22	54.691		

从方差分析的结果可知，文体的主效应不显著（$F=2.299$，$p>0.05$），说明汉语不同文体对中国大学生瞳孔直径的影响不显著。韩语水平的主效应不显著（$F=0.616$，$p>0.05$），说明韩语水平高低对中国大学生阅读汉语篇章的瞳孔直径影响不显著。汉语文体与韩语水平之间的交互作用不显著（$F=0.040$，$p>0.05$）。

2. 汉语篇章不同兴趣区的阅读指标和眼动指标

将不同文体汉语篇章划分为正文部分和问题部分，考察中国大学生在两个区域内阅读眼动指标存在的差异。下表内中记、中议、中说分别为汉语记叙文、汉语议论文和汉语说明文的简称。

（1）注视点次数

将中国大学生阅读不同文体汉语篇章问题部分与正文部分的百字注视点次数分别进行配对 t 检验，结果见表 60。表中中记、中议和中说分别是汉语记叙文、汉语议论文和汉语说明文的简称，下同。

表 60　注视点次数的比较

文体	阅读问题部分的注视点次数（次/百字）			阅读正文部分的注视点次数（次/百字）			t	p
	N	平均数	标准差	N	平均数	标准差		
汉记	24	59.319	23.002	24	35.833	15.857	5.674	0.000
汉议	24	55.855	16.027	24	51.265	3.140	1.265	0.218
汉说	24	44.943	3.057	24	27.361	2.182	6.039	0.000

表 60 内容显示：中国大学生在阅读不同文体汉语篇章时，除汉语议论文外，问题部分的百字注视点次数均显著多于正文部分。汉语议论文的问题部分与正文部分的差异不显著，可能与议论文分析事理，阐明观点和主张的文体特点有关，阅读理解数据和眼动数据说明议论文是韩国留学生、中国大学生阅读中的难点。

（2）阅读时间

将中国大学生阅读不同文体汉语篇章问题部分与正文部分的百字阅读时间分别进行配对 t 检验，结果见表 61。

表 61　阅读时间的比较

文体	阅读问题部分的百字时（秒/百字）			阅读正文部分的百字时（秒/百字）			t	p
	N	平均数	标准差	N	平均数	标准差		
汉记	24	14.635	5.616	24	8.222	3.768	6.977	0.000
汉议	24	13.919	0.837	24	11.732	0.800	2.378	0.026
汉说	24	11.011	0.774	24	6.220	0.535	6.118	0.000

表 61 内容显示：中国大学生在阅读不同文体汉语篇章时，问题部分的百字用时均显著多于正文部分。

（3）注视点持续时间

将中国大学生阅读不同文体汉语篇章问题部分与正文部分的注视点持续时间分别进行配对 t 检验，结果见表 62。

表 62　注视点持续时间的比较

文体	阅读问题部分的注视点持续时间（秒）			阅读正文部分的注视点持续时间（秒）			t	p
	N	平均数	标准差	N	平均数	标准差		
汉记	24	0.243	2.513E-02	24	0.228	2.790E-02	3.483	0.002
汉议	24	0.250	0.005	24	0.228	0.004	4.316	0.000
汉说	24	0.246	0.004	24	0.226	0.005	3.751	0.001

表62内容显示：中国大学生在阅读不同文体汉语篇章时，问题部分的注视点持续时间均非常显著地多于正文部分。

（4）眼跳距离

将中国大学生阅读不同文体汉语篇章问题部分与正文部分的眼跳距离分别进行配对 t 检验，结果见表63。

表 63　眼跳距离的比较

文体	阅读问题部分的眼跳距离（度）			阅读正文部分的眼跳距离（度）			t	p
	N	平均数	标准差	N	平均数	标准差		
汉记	24	3.753	0.515	24	4.708	0.796	−6.459	0.000
汉议	24	3.355	0.092	24	4.833	0.163	−7.979	0.000
汉说	24	4.037	0.152	24	4.883	0.144	−4.884	0.000

表63内容显示：中国大学生在阅读不同文体汉语篇章时，问题部分的眼跳距离均显著低于正文部分。

（5）瞳孔直径

将中国大学生阅读不同文体汉语篇章问题部分与正文部分的瞳孔直径分别进行配对 t 检验，结果见表64。

表 64　瞳孔直径的比较

文体	阅读问题部分的瞳孔直径（机器值）			阅读正文部分的瞳孔直径（机器值）			t	p
	N	平均数	标准差	N	平均数	标准差		
汉记	24	38.255	4.383	24	37.445	4.210	4.760	0.000
汉议	24	38.323	0.860	24	37.579	0.825	4.265	0.000
汉说	24	38.926	0.928	24	37.830	0.878	4.301	0.000

表 64 内容显示：中国大学生在阅读不同文体汉语篇章时，问题部分的瞳孔直径均显著大于正文部分，说明在问题部分，大学生的心理负荷增加，阅读策略与正文部分不同。

（四）分析与结论

将中国大学生按照韩国语水平分类是由于这些被试同时还阅读了不同文体的韩国语篇章，考察不同韩国语水平的汉族大学生阅读韩国语时是否存在问题差异，以及阅读韩国语时的某些指标。因此在本实验中可以把不同韩语水平的两组中国大学生作为一个整体考虑，考察他们阅读三种文体汉语篇章的发现：

1. 中国大学生阅读同样难度的汉语篇章时，存在显著的文体差异。

从阅读理解指标来看，中国大学生在不同文体的阅读成绩上差异不显著，但在阅读时间、速度和阅读效率上差异非常显著。在眼动指标上，中国大学生阅读不同文体汉语篇章时，只在注视点次数上存在显著性差异，表现为说明文注视次数最少，记叙文居中，议论文最多。在注视点持续时间、注视频率、眼跳距离和瞳孔直径上均不存在显著的文体差异。

2. 将不同汉语文体划分为问题部分和正文部分两个兴趣区，比较中国大学生阅读问题部分与正文部分的各眼动指标，发现（除议论文百字注视点次数外）说明文用时最少、速度最快、效率最高；记叙文居中；议论文用时最多、速度最慢、效率最低。研究数据能够解释学生阅读中觉得议论文较难的原因。问题部分百字注视点次数更多、百字用时更长、注视持续时间更短、眼跳距离更小、瞳孔直径更大。说明学生在问题部分心理负荷加大，阅读策略与正文部分不同。

3. 比较中国大学生与韩国留学生阅读记叙文、议论文和说明文三种文体的阅读指标和眼动指标，发现二者具有共同的特点，即阅读三种文体时从难到易的顺序分别是：议论文、记叙文、说明文。

第八章　综合讨论与教学建议

一　综合讨论

阅读是一个从书面语中获取信息的过程，但"获取"并非是消极的，它涉及了大量的思维活动，是一个相当复杂的心理语言活动过程。本研究借助眼动仪，从三个方面探讨了韩国留学生阅读汉语文本的眼动模式和阅读策略。

（一）有无词界标与韩国留学生阅读汉语文本的关系

1. 韩国留学生阅读汉语文本时，不论汉语高水平者还是低水平者，随句中空格数量的增加，均呈现出注视时间减少、眼跳幅度增加的特点。正常无标记的汉语文本，汉字水平分布密度最大，词间空格和非词空格稍小，字间空格汉字密度最小，信息量也最小。在一定的知觉广度下，阅读者阅读信息量大的文本时倾向于做出较小幅度的眼跳，而在阅读信息量大的文本时，则倾向于做出大幅度的眼跳，以获取更多的有效信息。本研究验证了这一观点。

2. 韩国留学生内部，汉语高水平者与低水平者在眼动指标上存在着显著差异，高水平者阅读时间更短、注视点更少。在此基础上构建"熟练者"与"非熟练者"眼动模型，有助于有针对性地开展阅读教学，提高汉语低水平留学生的阅读效率。

3. 插入词界标的汉语文本对韩国留学生的阅读起促进作用，正常无标记和插入字界标的汉语文本对留学生阅读未产生促进或阻碍作用，但人为错误地划分词界标对留学生的汉语阅读起阻碍作用。这说明词界标的插入能清晰地将句子划分成一个个独立的词语单元，使阅读者在汉语文本中很容易辨别出词，进而对词进行视觉编码，激活心理词典的语义表征，最终达到语义通达。

4. 比较韩国留学生阅读插入字界标和词界标汉语文本的眼动情况，发现插入字界标记后不会对留学生阅读汉语文本产生促进作用。由此推测，韩国留学生阅读汉语文本时信息加工的基本单位是词。汉语文本的知觉广度是 2.6 个汉字，约等于一个双音节词，由于双音节词在现代汉语中占绝对优势，可进一步推测，韩国留学生阅读汉语时信息加工的最小单位是双音节词。冯胜利认为，汉语最基本的音步是两个音节，汉语最小最基本的音步是"标准音步"，"一般情况下，标准音步有绝对优先的实现权"。[1]本研究结果与冯胜利的观点有一致性。因此笔者认为"词界标"也可以说成是"韵律界标"。

在汉语文本中插入词边界标记后，词单元显著，因此韩国留学生在阅读时能够迅速确定目标词，从而对目标词进行熟悉性验证和词汇通达，计划眼跳。词界标的插入把下一个词推到距中心注视点较远的位置，减少了对下一个词内容上的预视，使留学生能更容易地辨别出词单元，从而能在后续阅读中更好地把注视点定位到汉语词汇的最佳注视位置。而在错误地插入词界标的条件下，空格切割出非词单元边界，留学生在预视时获得了这一知觉单元的边界信息，在以非词为目标词的注视过程中需要依意义对单元进行重新整合，出现加工困难，眼跳发生先于注意转移，从而导致了更多的回视。而在插入字界标的条件下，字间距使留学生通过预视也无法获得更多的有效信息。在从注视点左侧一个汉字到注视点右侧二至三个汉字的知觉广度内，空格形成了一定的冗余信息，而内部的注意机制只能以序列加工的方式对文本进行加工，随着注意的不断转移，眼跳次数逐渐增多。

本研究比较了插入字界标和插入错误的词界标条件下韩国留学生对兴趣区内信息的眼动情况。一些双音词被不当切分后，将词中被单独切分出来的某些汉字与字间空格条件下的单个汉字进行比较，发现留学生在不同切分条件下对字的眼动加工情况无显著差异。但当以词为兴趣区加以考察时，发现非词空格条件下留学生对词加工的难度加大，说明留学生倾向于对所阅读的句子按词进行意义整合。当词单元被打破的情况下，阅读则受到干扰。这在某种程度上说明留学生对词的加工更敏感。词单元比字单元更大，但不是字单元的简单累加，对一个双音词的加工水平要高于对同样两个单独汉字的加工水平。在正常无空格与词间空格

---

[1] 冯胜利. 汉语韵律语法研究 [M]. 北京：北京大学出版社，2005.10：5~8

的局部分析中，发现词间空格条件下对相同兴趣区内词的加工要快于对正常无空格条件下。整体分析中，词间空格条件句的阅读时间也显著少于正常无空格条件下。词界标将词单元清晰标记出来之后，对于外国留学生的汉语阅读起到了一定的促进作用。如果中文词的确具有心理现实性，将词单位清楚地标示出来，应有利于阅读理解历程的进行[①]。但也有人研究发现阅读插入词界标的句子时，读者的阅读速度反而下降[②]。杨宪明认为在中文印刷中将词边界清楚分隔开后，并不会使一般读者的阅读时间变快[③]。白学军以中国大学生为被试的研究中也发现，中国大学生在词间空格条件下的阅读时间与正常无空格条件下的阅读时间无显著差异。但是，需要注意的是上述研究对象均为母语是汉语的中国学生，他们熟悉汉语的呈现形式，而且在长期的阅读过程中已经形成了对汉语词单元的自动识别，阅读过程中的词切分是以内隐的方式展开的，对于人为以外显方式造成的词切分句不熟悉，因此未能以适当方式进行加工。本实验是以韩国留学生为对象进行考察的，他们本身并无长期阅读汉语的经验，加之语言能力有限，对于汉语词汇的识别并未达到自动化，需要有意识地进行词切分，而且当切分发生错误时（如本实验中人为错误划分词界标的条件下），能通过多次回视进行纠正。因此可推断，韩国留学生阅读汉语时信息加工的基本单位是词。

（二）文体与韩国留学生阅读汉语文本的关系

韩国不同汉语水平留学生阅读同样难度的汉语篇章时，文体差异对各项阅读理解指标存在显著的影响。韩国汉语高水平留学生阅读成绩、阅读时间和阅读速度均显著优于汉语低水平留学生。

从阅读成绩、阅读时间和阅读速度等阅读理解指标来看，韩国留学生议论文成绩最低、用时最多、速度最慢；记叙文居中；说明文成绩最高、用时最少、速度最快最高。

从眼动指标来看，韩国留学生议论文注视点最多，平均注视持续时

---

① 柯华葳，陈明蕾，廖家宁. 词频、词汇类型与眼球运动型态：来自篇章阅读的证据[J]. 中华心理学刊，2005，47（4）：381~398

② 刘英茂，叶重新，王联慧，张迎桂. 词单位对阅读效率的影响[J]. 中华心理学刊，1974，16：25~32

③ 杨宪明. 中文词间、词内空格调整对阅读的影响[J]. 台南师院学报，1998，31：303~326

间最长、注视频率最高、眼跳距离较小；记叙文居中；说明文注视点最少，平均注视点持续时间最短、注视频率最少、眼跳距离最大。眼动数据显示结果与韩国留学生阅读理解指标基本相同，说明同水平不同文体的篇章中，议论文是学生阅读的难点。

韩国不同汉语水平留学生阅读同样难度的汉语篇章时，文体差异对注视点次数和注视点持续时间等眼动指标存在显著的影响。韩国汉语高水平留学生注视点次数和注视点持续时间均显著少于汉语低水平留学生，说明不同汉语水平韩国留学生阅读不同文体汉语时，对篇章进行即时加工的策略不同。

将不同汉语文体划分为问题部分和正文部分两个兴趣区后，比较韩国留学生阅读问题部分与正文部分的各眼动指标，发现问题部分百字注视点次数更多、百字用时更长、注视持续时间更短、眼跳距离更小、瞳孔直径更大。说明学生在问题部分心理负荷加大，阅读策略与正文部分不同。

（三）主题熟悉度与韩国留学生阅读汉语文本的关系

考察韩国留学生阅读不同主题熟悉度汉语篇章的阅读成绩、阅读时间和阅读速度等阅读理解指标，发现同水平韩国留学生在主题低熟悉度篇章的阅读成绩、阅读时间和阅读速度均显著低于高熟悉度篇章。

比较韩国同等汉语水平的中医专业留学生和汉语专业留学生阅读不同主题熟悉度的汉语篇章，发现中医专业留学生在两篇文章的阅读成绩、阅读时间和阅读速度等指标上差异均不显著。而汉语专业的留学生由于对中医主题的文章不熟悉，因而在两篇文章的阅读成绩、阅读时间和阅读速度等指标上差异非常显著。说明主题熟悉度差异，对同水平韩国大学生的阅读成绩、阅读时间和阅读速度有显著影响。

从阅读眼动指标来看，中医专业留学生两篇文章的百字次差异不显著，注视频率差异非常显著。汉语专业的留学生百字次差异非常显著，注视频率差异不显著。说明学生阅读同文体不同熟悉度篇章时，对篇章进行即时加工的策略不同。注视持续时间、眼跳距离和瞳孔直径等阅读眼动指标上虽然不存在显著性差异，但阅读中医内容篇章时，汉语专业的留学生与中医专业留学生相比，注视点次数更多、注视停留时间更长、眼跳距离更小、注视频率更慢。

将两篇文章划分为问题部分和正文部分两个兴趣区，对中医专业和汉语专业的韩国留学生这两个区域的眼动指标进行比较，发现同等汉语水平的韩国留学生阅读问题部分时所采取的阅读策略与阅读正文部分呈现出显著差异。其中阅读问题部分时的注视点次数更多、百字用时更长、注视持续时间更短、眼跳距离更小、眼跳时间更长、瞳孔直径更大。说明韩国留学生在问题部分心理负荷加大，阅读策略与正文部分不同。

二 教学建议

国际汉语教育事业的蓬勃发展不仅需要我们深入研究目前教育市场出现的新环境、新问题，深入剖析影响教育可持续性发展的诸多因素，还要求我们必须开阔思路，放眼世界，勇于开拓。

虽然学生阅读理解水平的提高受到各种主客观因素的影响和制约，但并不是一个被动等待的过程，因此培养学生的阅读理解能力是母语教学和第二语言教学的重要任务之一。

我们知道，文章通常都是按照一定的逻辑结构组织起来的。记叙文有时间、地点、人物等要素。议论文则有论点、论据和论证过程。而在文章的组织结构上，有的是按照时间发生的先后顺序来进行，有的则采取倒叙的方法来进行。那么，不同文体对学生的阅读理解到底有无影响呢？

本研究通过眼动仪测量出的中韩大学生阅读理解数据和眼动数据验证了文章体裁对学生的重要影响，因此教师应认识到文体知识讲解和训练在对韩汉语教学中具有一定作用。

在对韩汉语教学中，教师不能因为学生是成人而忽视对典型文体的介绍。在日常教学中可以通过向留学生讲解范文等形式，使他们明白什么样的文章逻辑结构严密，什么样的文章结构混乱。

教学中可适当加强不同文体材料的训练。课上教师可以向学生提供适合他们水平的逻辑结构严密或混乱的课文，要求他们阅读后评定哪些课文容易理解，哪些不容易理解，并说明原因。通过学生的回答，教师可以掌握他们对文章原有逻辑结构的利用程度，从而可以有针对性地加以引导。

特别是加强议论文训练。实验证明,议论文是韩国留学生汉语阅读中的难点,教师应加强议论文知识的介绍,不仅使学生明确议论文提出问题、分析问题和解决问题的三个部分,更重要的是培养学生理清中心论点及其与分论点之间的联系,领会作者论证的思路,最终把握文章的内容。

"图式"理论(Schema Theory)认为,"图式"分为内容图式(content schema)和形式图式(formal schema),其中内容图式指读者对篇章内容的熟悉程度,即狭义的背景知识。读者的背景知识越丰富,就能够越多地将注意力集中在高级阶段的信息处理和提出假设上,从而达到对篇章的较好理解。本研究验证了图式理论对这一问题的解释。

阅读理解中对有关已知信息的提取是至关重要的,而能否提取信息取决于学生头脑中是否已储存着相关信息,因此教师在阅读材料的选取上应该注意多样性,丰富学生的"图式"。充足的"图式"甚至能够对较低的语言水平构成一种补偿效应,即背景知识可以在一定程度上弥补语言水平的不足,这在本实验中已经得到验证。

随着对外汉语教学在世界范围内的广泛开展,学习者母语背景各异,因此更需要编排合理、适用的教材,而合理性和适用性不单体现在内容上,同时也体现在教材的编排形式上。传统汉语教材以正常无词间标记的常规形式出现,适于汉语母语者的阅读习惯。但对于母语非汉语的外国留学生(尤其是初中级水平的留学生),应该考虑其对母语文本形式、阅读习惯以及对汉语的感知能力和阅读能力。

本研究发现如果在汉语文本中插入词边界标记,将能大大提高韩国留学生的汉语阅读效率,因此建议今后在编写针对韩国留学生的初中级汉语教材时,应改变现有排版方式,在汉语文本中插入词边界标记。

可喜的是,2010年3月起,新汉语水平考试(新HSK)正式向海外推出,新HSK考试的一级和二级在汉语文本中均插入了词边界标记(参见国家汉办网汉语考试样卷)。这种想法和做法与我们的研究不谋而合。

如:新HSK考试(一级)听力理解的第四部分:

第16～20题

　　　　　　xiàwǔ wǒ qù shāngdiàn, wǒ xiǎng mǎi yìxiē shuǐguǒ.
例如：下午 我 去　商店　，我　想　买　一些　水果　。

　　　Tā xiàwǔ qù nǎilǐ?
问：她 下午 去 哪里?

　　　　shāngdiàn　　　　　　yīyuàn　　　　　　xuéxiào
　　A. 商店　　✓　　B. 医院　　　　C. 学校

　　　　xīngqīliù　　　　　　xīngqīrì　　　　　xīngqīyī
16. A. 星期六　　　　B. 星期日　　　C. 星期一

　　　　xuéxí　　　　　　　zuò fàn　　　　　　chī fàn
17. A. 学习　　　　　B. 做 饭　　　　C. 吃 饭

　　　　shāngdiàn qiánmiàn
18. A. 商店　　前面

　　　　shāngdiàn hòumiàn
　　B. 商店　　后面

　　　　yīyuàn qiánmiàn
　　C. 医院　　前面

　　　　lǎoshī　　　　　　　xuéshēng　　　　　　yīshēng
19. A. 老师　　　　　　B. 学生　　　　C. 医生

　　　　shuìjiào　　　　　　hē chá　　　　　　chī shuǐguǒ
20. A. 睡觉　　　　　B. 喝 茶　　　　C. 吃 水 果

再如：新 HSK 考试二级阅读理解的第三部分：

第 46～50 题

　　　　Xiànzài shì　diǎn　fēn, tāmen yǐjīng yóu le　fēnzhōng
例如：现在　是 11 点 30 分，他们 已经 游 了 20　分钟
　　　le.
　　　了。

　　　　　tāmen　diǎn　fēn kāishǐ yóuyǒng.
　　　★ 他们 11 点 10 分 开始　游泳　。　　　　　（ ✓ ）

　　　　Wǒ huì tiàowǔ, dàn tiào de bù zěnmeyàng.
　　　我 会 跳舞，但 跳 得 不　怎么样 。

　　　　Wǒ tiào de fēicháng hǎo.
　　　★ 我 跳 的 非常　好 。　　　　　　　　　　（ ✗ ）

　　　　Wǒ qù guò běijīng le, běijīng hěn piàoliàng, běijīng rén yě
46. 我 去 过 北京 了，北京 很　漂亮　，北京 人 也

hěn hǎo.
很 好。

Wǒ xiǎng qù běijīng.
★ 我 想 去 北京。　　　　　　　　　　（　　）

xiànzài xīguā yuán qián gōngjīn, píngguǒ bǐ xīguā guì
47. 现在 西瓜 5 元 钱 1 公斤，苹果 比 西瓜 贵 1

yuán qián.
元 钱。

píngguǒ yuán qián gōngjīn.
★ 苹果 4 元 钱 1 公斤。　　　　　　　（　　）

Nǐ xiànzài zài nǎér? wǒ děng le nǐ yí gè xiǎoshí liǎo.
48. 你 现在 在 哪儿？我 等 了 你 一 个 小时 了。

Wǒ zhèng zài děng rén.
★ 我 正 在 等 人。　　　　　　　　　（　　）

Wǒ de gōngsī lí jiā hěn yuǎn, zuò chūzūchē tài guì, qí
49. 我 的 公司 离 家 很 远，坐 出租车 太 贵，骑

zìxíngchē tài lèi.
自行车 太 累。

Wǒ xǐhuān qí zìxíngchē qù gōngsī.
★ 我 喜欢 骑 自行车 去 公司。　　　　　（　　）

Zhè gè xīngqītiān wǒ yí gè rén zài jiā wáner, zhēn
50. 这 个 星期天 我 一 个 人 在 家 玩儿，真

méi yìsī.
没 意思。

Wǒ xīngqītiān wán de hěn gāoxìng.
★ 我 星期天 玩 得 很 高兴。　　　　　（　　）

通过针对日本留学生阅读有无词界标汉语文本和我们同一团队对泰国留学生阅读有无词界标汉语文本（田瑾，2009）的实验研究，发现对汉字文化圈的日本、韩国，以及非汉字文化圈的泰国留学生来说，虽然母语中有的存在词界标，有的不存在词界标，但他们阅读汉语文本时，呈现出一种同样的趋势，即当阅读插入词界标的汉文本时，他们的阅读效率均显著高于未插入词界标的文本。因此我们希望，也建议今后在针对对泰初中级汉语教材的文本中最好插入词界标。

"世界的未来应该是和谐的，各国人民之间和谐相处，人类和自然

和谐相处;人类的文化过去是,现在是,将来也必然是多元的。中华文化作为人类多元文化中的一元,有义务为增加人类生活的色彩、为世界未来的和谐与和平作出更大的贡献"。(许嘉璐,2006)愿我们的研究能为国际汉语推广工作添砖加瓦,愿汉语与"和谐"的理念一起在全球遍地开花。

参考文献

[1] 白学军,沈德立. 初学阅读者和熟练阅读者阅读课文时眼动特征的比较研究[J]. 心理发展与教育,1995.2

[2] 白学军,闫国利. 眼动研究在中国[M]. 天津:天津教育出版社,2008.6

[3] 白学军,张兴利. 当前阅读眼动研究的几个主要问题[J]. 心理与行为研究,2003.4

[4] 曹聪孙. 齐夫定律和语言的"熵"[M]. 天津:天津人民出版社,1994.2

[5] 陈桂妍. 语言水平、阅读策略、文章主题熟悉度对韩国留学生阅读理解的影响[D]. 北京语言大学硕士学位论文,2003

[6] 陈向阳. 不同年级学生阅读课文和句子的眼动研究[D]. 天津师范大学博士学位论文,2000

[7] 陈向阳,沈德立. 中小学阅读寓言过程的眼动研究[J]. 心理科学,2004.4

[8] 陈燕丽,史瑞萍,田宏杰. 阅读成语时最佳注视位置的实验研究[J]. 心理科学,2004.2

[9] 陈燕丽,李勇,杨琳. 话题兴趣与文本阅读眼动特征的研究[J]. 心理学探新,2004.2

[10] 冯胜利. 从韵律看汉语"词""语"分流之大界[J]. 中国语文,2001.1

[11] 冯胜利. 汉语韵律语法研究[M]. 北京:北京大学出版社,2005.10

[12] 符淮青. 现代汉语词汇[M]. 北京:北京大学出版社,2000

[13] 高珊. 词切分信息对留学生汉语阅读的影响[D]. 北京语言大学硕士学位论文,2006

[14] 葛本仪. 现代汉语词汇学[M]. 济南:山东人民出版社,2001

[15] 桂诗春. 新编阅读心理学[M]. 上海:上海外语教育出版社,2000

[16] 国家汉语水平考试委员会办公室考试中心. 汉语水平词汇与汉字等级大纲(修订本)[M]. 北京:经济科学出版社,2001

[17] 韩玉昌. 眼动仪和眼动实验法的发展历程[J]. 心理科学,2000.4

[18] 黄伯荣,廖序东. 现代汉语[M]. 兰州:甘肃人民出版社,1988.5

[19] 焦毓梅,田芃. 中国大学生阅读不同文体韩国语篇章的眼动实验研究[J]. 天津外国语学院学报,2005.5

[20] 金贞子. 韩国留学生学习中的偏误分析[J]. 延边大学学报,1999.4

[21] 李根孝. 韩国的中国语研究概述［J］. 汉语学习, 1994.1

[22] 刘润清. 西方语言学流派［M］. 北京: 外语教学与研究出版社, 1998

[23] 刘叔新. 词汇学和词典学问题研究［M］. 天津: 天津人民出版社, 1984

[24] 刘叔新. 汉语描写词汇学［M］. 北京: 商务印书馆, 1990

[25] 柳英绿. 朝汉语语法对比［M］. 延吉: 延边大学出版社, 1998

[26] 陆俭明, 沈阳. 汉语和汉语研究十五讲［M］. 北京: 北京大学出版社, 2004

[27] 马洪海. 汉朝音同义近词语对照手册［M］. 北京: 北京语言学院出版社, 1995

[28] 孟柱忆. 韩国汉语教学的特点和问题［C］. 第五届国际汉语教学讨论会论文选, 北京: 北京大学出版社, 1997

[29] 彭聃龄. 语言心理学［M］. 北京: 北京师范大学出版社, 1991

[30] 朴兴洙. 韩国大学有关中国系科设置研究［J］. 河北师范大学学报, 2005.1

[31] 朴英顺. 国语文法教育论［M］. 首尔: 朴义正社, 2005

[32] 沈德立. 学生汉语阅读过程的眼动研究［M］. 北京: 教育科学出版社, 2001

[33] 隋雪, 李立洁. 眼球运动研究概况［J］. 辽宁师范大学学报, 2003.1

[34] 隋雪, 毕鸿燕. 阅读理解中汉语量词的眼动特点分析［J］. 心理科学, 2007.5

[35] 陶云. 不同年级学生阅读有或无配图课文的眼动实验研究［D］. 天津师范大学博士学位论文, 2001

[36] 田宏杰等. 小学生快速阅读的眼动研究［J］. 心理与行为研究, 2004.4

[37] 田瑾. 词切分对韩国、泰国留学生汉语阅读影响的眼动研究［D］. 天津师范大学硕士学位论文, 2009

[38] 王穗萍, 莫雷. 当前篇章阅读研究的进展［J］. 心理学探新, 2001.3

[39] 王穗萍, 莫雷. 篇章理解的认知研究［J］. 华南师范大学学报, 2001.8

[40] 王君明, 陈永明. 眼动记录法对阅读研究的贡献［J］. 心理学动态, 1996.4

[41] 王力. 汉语语法纲要［M］. 上海: 上海教育出版社, 1982

[42] 王秀珍. 韩国人学汉语的语音难点和偏误分析［J］. 世界汉语教学, 1996.4

[43] 王永德. 外国留学生习得汉语句子的比较研究［M］. 合肥: 安徽大学出版社, 2004

[44] 萧国政. 现代汉语语法释疑［M］. 武汉: 华中师范大学出版社, 1988

[45] 萧国政. 现代汉语语法问题研究［M］. 武汉: 华中师范大学出版社, 1994

[46] 萧国政. 汉语语法研究论［M］. 武汉: 华中师范大学出版社, 2001

[47] 萧国政. 汉语语法的事实发掘与理论探讨［M］. 武汉: 湖北人民出版社, 2005

[48] 谢海燕. 中高级留学生汉语阅读词界识别能力研究 [D]. 暨南大学硕士学位论文, 2006

[49] 邢福义. 现代汉语 [M]. 北京: 高等教育出版社, 1991

[50] 阎国利. 国外对阅读的眼动研究 [J]. 天津师范大学学报, 1994.1

[51] 阎国利. 阅读科技文章的眼动过程研究 [D]. 华东师范大学博士学位论文, 1998

[52] 阎国利. 眼动记录方法综述 [J]. 心理科学, 1995.3

[53] 阎国利, 白学军. 中文阅读过程的眼动研究 [J]. 心理学动态, 2000.3

[54] 阎国利, 白学军, 陈向阳. 阅读过程的眼动理论综述 [J]. 心理与行为研究, 2003.2

[55] 阎国利, 田宏杰. 眼动记录技术与方法综述 [J]. 应用心理学, 2004.2

[56] 杨宪明. 中文词间、词内空格调整对阅读的影响 [J]. 台南师院学报, 1998.31

[57] 阴国恩. 心理与教育学研究方法 [M]. 天津: 南开大学出版社, 1996.10

[58] 阴国恩等. 非智力因素及其培养 [M]. 杭州: 浙江人民出版社, 1996

[59] 于鹏. 留学生常用词语辨析500组 [M]. 北京: 北京大学出版社, 2008

[60] 于鹏. 韩国大学生阅读不同文体汉语篇章的眼动实验研究 [J]. 天津大学学报, 2009.7

[61] 于鹏. 日本大学生阅读不同文体日语篇章的眼动实验研究 [C]. 汉语教学与研究 (韩国), 2009.11

[62] 于鹏, 焦毓梅. 留学生汉语学习中"高原现象"的成因及对策 [J]. 对外汉语教学与研究, 2004.2

[63] 于鹏, 焦毓梅. 阅读理解监控研究的回顾与展望 [J]. 天津师范大学学报, 2004.3

[64] 于鹏, 焦毓梅. 中国与韩国汉语高水平大学生阅读不同文体汉语篇章的眼动比较研究 [J]. 人文研究, 2006.4

[65] 于鹏, 焦毓梅. 韩国大学生同文体汉韩篇章阅读眼动研究 [J]. 对外汉语教学与研究, 2006.4

[66] 于鹏, 焦毓梅. 韩国大学生阅读汉语说明文的眼动实验研究 [J]. 汉语学习, 2008.1

[67] 于鹏, 焦毓梅. 中韩大学生阅读汉语说明文的眼动研究 [J]. 天津师范大学学报, 2008.5

[68] 于鹏, 焦毓梅. 孔子学院面临的问题及对策 [C]. 第二届国际高校汉语教学优秀成果交流研讨会论文集, 韩国: 图书出版朝日社, 2008.9

[69] 于鹏，焦毓梅. 百发百中新 HSK 1－2 级［M］. 实事汉语出版社（韩国），2010.5

[70] 于鹏，焦毓梅. 百发百中新 HSK 3 级［M］. 实事汉语出版社（韩国），2010.5

[71] 于鹏，田瑾. 韩国留学生阅读有无词边界标记汉语文本的眼动研究［J］. 中国文学研究（韩国），2009.6

[72] 张斌. 汉语语法学［M］. 上海：上海教育出版社，1998

[73] 张必隐. 阅读心理学（修订版）［M］. 北京：北京师范大学出版社，2002

[74] 张光军. 韩国的汉字［J］. 解放军外国语学院学报，1999.5

[75] 张金桥. 西方关于阅读的眼动研究［J］. 暨南大学华文学院学报，2003.4

[76] 张述祖，沈德立. 基础心理学［M］. 北京：教育科学出版社，1987

[77] 张述祖，沈德立. 基础心理学增编［M］. 北京：教育科学出版社，1987

[78] 张仙峰，叶文玲. 当前阅读研究中眼动指标述评［J］. 心理与行为研究，2006.3

[79] 张小衡. 也谈汉语书面语的分词问题——分词连写十大好处［J］. 中文信息学报，1997.3

[80] 张永言. 词汇学简论［M］. 武汉：华中工学院出版社，1982.9

[81] 赵新建. 浅析朝鲜语添意词尾范畴的伸缩性［J］. 民族语文，1999.1

[82] "中国语言生活状况报告"课题组编. 中国语言生活状况报告 2007［M］. 北京：商务印书馆，2008.11

[83] 周荐. 汉语词汇研究史纲［M］. 北京：语文出版社，1995.8

[84] 朱智贤主编. 心理学大词典［M］. 北京：北京师范大学出版社，1989

[85] Anderson J R, Bothell D, Douglass S. Eye movements do not reflect retrieval processes: Limits of the eye-mind hypothesis［J］, *Psychological Science*, 2004, 15: 225～231

[86] Bertera J. H., Rayner K. Eye movements and the span of the effective stimulus in visual search［J］. *Perception & Psychophysics*, 2000, 62: 576～585

[87] Carrel. P. L., Three components of background knowledge in reading comprehension, Language Learning, 1983 (33): 304～331

[88] Chen H, Tang C. The effective visual field in reading Chinese［J］. *Reading and Writing*, 1998. 10

[89] Cooper R M. The control of eye fixation by the meaning of spoken language: A new methodology for the real-time investigation of speech perception, memory, and language processing［J］, *Cognirive Psychology*, 1974, 6: 84～107

[90] Entin, E. B. and G. R. Klare, Relationships of measures of interest, prior knowledge and readability to comprehension of expository passage, Language Research, 1985 (3), 9~38

[91] Henderson J. M., Ferreira F. The interface of language, vision, and action: Eye movements and the visual world [M]. New York: Psychology Press, 2004

[92] Kliegl R., Grabner E., Rolfs M., et al. Length, frequency, and predictability effects of words on eye movements in reading [J], *European Journal of Cognitive Psychology*, 2004, 16: 262~284

[93] Liversedge S. P. Reading text under normal and disappearing presentation conditions [J], *Studies of Psychology and Behavior*, 2004, 2 (3) : 505~512

[94] Rayner K. Eye movements in reading and information processing [J], *Psychological Bulletin*, 1978, 85: 618~660

[95] Rayner K. Future Directions for Eye Movement Research [J], 心理与行为研究, 2004.2

[96] Rayner K. Eye movements in reading and information processing: 20 years of research [J]. *Psychological Bulletin*, 1998, 124

[97] Rumelhart, D. E. & A. Ortony. The representation of knowledge in memory [A]. In R. C. Anderson (eds.) . Schooling and the Acquisition of Knowledge [C]. Hillsdale, NJ: Lawrence ErlbaumAssociates, 1977. 99— 135

[98] Tinker M. A. The study of eye movements in reading [J], *Psychological Bulletin*, 1946, 43 (2): 93~120

[99] Yu Peng, Liu Su. A Comparative Eye Movement Study of Chinese and Korean University Students in Chinese Text Reading [C], Recent Advance of Chinese Computing Technologies, Singapore, 2007. 11

[100] Yu Peng, Jiao Yumei. An Eye Movement Study of Japanese College Students as They Read Chinese Texts of Different Types [C], Recent Advances of Asian Language Processing Technologies, Singapore, 2008. 11

附录1 关于汉语文本中有无词边界标记是否影响留学生阅读的调查表

姓名 Name：

年龄 Age：

性别 Male or Female：

国籍 Nationality：

母语 Mother tongue：

学习汉语的时间 How long have you been learning Chinese?

1. 在你的母语中，书面文字里词与词之间是否连写？

    Are there spaces in your mother tongue written text?

    A. 有 Yes

    B. 没有 No

2. 汉语的句子中，词与词之间没有边界标记。你是否因为这种情况而在阅读中遇到过困难？

    In Chinese, there are not spaces between words. Have you ever had any problems in reading Chinese sentences because of the lack of word boundaries?

    A. 有 Yes

    B. 没有 No

3. 在什么阶段有过这种困难？

    In which stage do you have this problem?

    A. 遇到过，在我刚刚开始学习汉语的时候。

    I once had that kind of problems when I just began to read in Chinese.

    B. 遇到过，一直有这个问题。

    I always had that kind of problems.

    C. 遇到过，但是没有关系，不影响我的阅读。

    I once had that kind of problems though it doesn't matter. It didn't have any effect on my reading.

   D. 几乎没有遇到过，我觉得很习惯。

   I hardly had run into that kind of problems. I am used to sentence without word boundaries.

4. 当你阅读汉语句子的时候，你觉得在词之间增加边界标记会帮助你吗？

   When you read sentences in Chinese, will adding space between word be helpful?

   A. 有帮助，我可以读得更快。

   Yes, it helps. I can read faster.

   B. 有帮助，我可以理解得更好。

   Yes, it helps. I can understand better.

   C. 没有帮助，反而增加了阅读的难度。

   No, it makes the reading more difficult.

   D. 没有帮助，反而增加了阅读的时间。

   No, it makes the reading slower.

5. 你觉得在阅读哪种文章的时候，如果可以在词之间加入空格可以促进你的阅读？

   If adding space between Chinese words can do some help, in what kind of article can it help?

   A. 句子很长的时候。

   When sentences are long.

   B. 句子结构很难的时候。

   When sentence grammar structures are complicated.

   C. 有很多不认识的词的时候。

   When there are too many new word I don't know.

   D. 文章内容很不熟悉的时候。

   When I am unfamiliar to the contents of the article.

附录2 留学生眼动实验阅读材料

字数	句子	通顺性得分	难度得分
13	每天下午我和爸爸去公园散步。	4.7	1.45
13	我打算送好朋友一件生日礼物。	4.85	1.8
14	我认为春天是一年中最好的季节。	4.95	1.85
14	我计划开学以后买一辆新自行车。	4.65	1.85
16	我觉得那件红色的衣服比黑色的好看。	4.3	1.9
13	他让我们今天晚上来参加活动。	4.6	2
13	文章里的许多句子有语法错误。	4.7	2.05
16	许多孩子喜欢一边听音乐一边写作业。	4.7	2.1
16	通过这个活动我认识了许多外国朋友。	4.75	2.15
16	留学生们在新年晚会上玩得非常高兴。	4.45	2.25
16	弟弟考上大学的消息让母亲非常高兴。	4.85	2.4
14	现在我已经完全相信这个消息了。	4.7	2.45
13	他每天早晨到操场上锻炼身体。	4.8	2.5
13	你一定要认真完成这些练习题。	4.85	2.6
14	去学校图书馆应该朝这个方向走。	4.35	2.65
15	使用这个机器的时候需要特别注意。	4.55	2.75
13	我们打算下课以后一起去游泳。	4.6	1.5
13	解决问题的方法不是只有一种。	4.7	2.85
13	请你下课以后到老师办公室来。	4.8	1.85
14	我们今天下午去机场接外国朋友。	4.65	1.85
16	同学们认为今天的口语考试十分简单。	4.6	1.95
14	我参加考试时总是觉得非常紧张。	4.6	2.05
13	小女孩正在旁边的房间里睡觉。	4.5	2.1
13	我准备明年春天到外国去留学。	4.4	2.15
15	我希望你能够照顾一下这些小孩子。	4.75	2.35
13	祝你在汉语考试中取得好成绩。	4.8	2.4

15	我和我的女朋友是通过介绍认识的。	4.5	2.45
16	我忽然听见门口有人大声叫我的名字。	4.65	2.55
14	上课以前做好预习是十分重要的。	4.45	2.6
13	请代我向全体老师和同学问好。	4.55	2.7
14	中国一直以来都是一个农业大国。	4.5	2.8
14	医生正在为那个小女孩检查身体。	4.7	2.85
13	我们学校离商店和邮局非常近。	4.7	1.55
14	我妈妈已经在医院工作了许多年。	4.65	1.8
16	在附近的商店里可以买到苹果和香蕉。	4.7	1.85
14	我父亲是一位非常有名的文学家。	4.65	1.9
13	姐姐最喜欢的体育运动是游泳。	4.55	1.95
15	我从宿舍到教室骑自行车要十分钟。	4.3	2.05
13	昨天我走了一个小时才到车站。	4.45	2.1
13	爸爸一直很关心我的学习成绩。	4.6	2.2
14	我和同学之间的关系一直非常好。	4.65	2.35
14	他的汉语水平比以前提高了许多。	4.35	2.4
13	我可以用英语进行一般的会话。	4.45	2.45
13	在信封上有一张很漂亮的邮票。	4.5	2.55
13	我买了一本介绍汉语知识的书。	4.7	2.65
13	考试能够帮助我们更好地学习。	4.4	2.7
14	进行体育锻炼对身体健康有好处。	4.35	2.8
13	人们要用自己的双手改变世界。	4.55	2.85
13	感冒的时候需要多喝水多休息。	4.65	1.7
14	我打算明年到南边的城市找工作。	4.6	1.8
13	我妹妹是一个非常漂亮的姑娘。	4.7	1.85
13	她衣服和帽子的颜色是一样的。	4.55	1.9
13	欢迎各位朋友来我们学校参观。	4.6	2
15	出国留学是一个学习语言的好机会。	4.7	2.05
13	大家都认为她口语说得很不错。	4.4	2.1
13	学校里每星期日下午都有活动。	4.65	2.25
14	我听说他们打算明天晚上看演出。	4.5	2.35

15	大家认为今天的电视节目非常精彩。	4.85	2.45
13	请把桌子上的钢笔和本子给我。	4.3	2.45
13	考试的时候一定不要使用铅笔。	4.2	2.55
14	我能够理解黑板上那些中文句子。	4.4	2.65
14	哥哥已经坐飞机离开这个城市了。	4.7	2.75
14	女儿一看见我就高兴地跑了过来。	4.25	2.8
14	我们在工作中经常遇到各种困难。	4.5	2.85

第一组材料

T1　我和他认识已经有二十多年了。
T1　问题：我和他认识了十年了，是/否？
T1　科学技术对现代社会发展有很大影响。
T1　这是我的老师为我写的介绍信。
T2　通知　全体　同学　下午　到　医院　检查　身体。
T2　问题：全体同学要到饭店检查身体，是/否？
T2　老师　表扬　他　最近　学习　成绩　提高　得　快。
T2　我　每天　听　广播　了解　最新　的　社会　新闻。
T3　躺　在　床　上　看　书　对　眼　睛　非　常　不　好。
T3　小　王　写　的　这　篇　文　章　有　不　少　语　法　错　误。
T3　老师　批　评　了　那　几　个　上　课　迟　到　的　同学。
T3　问题：上课迟到的同学被老师批评了，是/否？
T4　老　师要　求我　们每　人写　一　篇八　百　字文　章。
T4　问题：老师要求我们写文章，是/否？
T4　领　导对　我　们的　计　划不　是　很满　意。
T4　我　们一　定能　够取　得最　后　的胜　利。
T5　练习结束，以下是正式实验。
T3　每　天　下　午　我　和　爸　爸　去　公　园　散　步。
T3　问题：每天上午我和妈妈去散步，是/否？
T3　我　打　算　送　好　朋　友　一　件　生　日　礼　物。
T3　我　认　为　春　天　是　一　年　中　最　好　的　季　节。

T3	我计划开学以后买一辆新自行车。
T3	问题：我想买一辆自行车，是/否？
T3	我觉得那件红色的衣服比黑色的好看。
T3	问题：我觉得红色衣服更好看，是/否？
T3	他让我们今天晚上来参加活动。
T3	文章里的许多句子有语法错误。
T3	许多孩子喜欢一边听音乐一边写作业。
T3	通过这个活动我认识了许多外国朋友。
T3	留学生们在新年晚会上玩得非常高兴。
T3	弟弟考上大学的消息让母亲非常高兴。
T3	问题：母亲为弟弟考上大学高兴，是/否？
T3	现在我已经完全相信这个消息了。
T3	他每天早晨到操场上锻炼身体。
T3	问题：他晚上锻炼身体，是/否？
T3	你一定要认真完成这些练习题。
T3	去学校图书馆应该朝这个方向走。
T3	使用这个机器的时候需要特别注意。
T4	我们打算下课以后一起去游泳。
T4	解决问题的方法不是只有一种。
T4	请你下课以后到老师办公室来。
T4	问题：你下课以后到教室来，是/否？
T4	我们今天下午去机场接外国朋友。
T4	问题：我们下午去接外国朋友，是/否？
T4	同学们认为今天的口语考试十分简单。
T4	我参加考试时总是觉得非常紧张。

T4　小女孩正在旁边的房间里睡觉。
T4　问题：小女孩正在睡觉，是/否？
T4　我准备明年春天到外国去留学。
T4　问题：我打算明年春天去留学，是/否？
T4　我希望你能够照顾一下这些小孩子。
T4　祝你在汉语考试中取得好成绩。
T4　我和我的女朋友是通过介绍认识的。
T4　我忽然听见门口有人大声叫我的名字。
T4　上课以前做好预习是十分重要的。
T4　请代我向全体老师和同学问好。
T4　中国一直以来都是一个农业大国。
T4　医生正在为那个小女孩检查身体。
T4　问题：医生为小男孩检查身体，是/否？
T1　我们学校离商店和邮局非常近。
T1　我妈妈已经在医院工作了许多年。
T1　问题：我妈妈在工厂里工作，是/否？
T1　在附近的商店里可以买到苹果和香蕉。
T1　我父亲是一位非常有名的文学家。
T1　姐姐最喜欢的体育运动是游泳。
T1　问题：跑步是姐姐最喜欢的运动，是/否？
T1　我从宿舍到教室骑自行车要十分钟。
T1　昨天我走了一个小时才到车站。
T1　爸爸一直很关心我的学习成绩。
T1　问题：爸爸不关心我的学习成绩，是/否？
T1　我和同学之间的关系一直非常好。
T1　他的汉语水平比以前提高了许多。
T1　问题：他的汉语比以前好，是/否？
T1　我可以用英语进行一般的会话。
T1　在信封上有一张很漂亮的邮票。
T1　我买了一本介绍汉语知识的书。
T1　问题：我买了一本关于汉语的书，是/否？

附录2 留学生眼动实验阅读材料

T1　考试能够帮助我们更好地学习。
T1　进行体育锻炼对身体健康有好处。
T1　人们要用自己的双手改变世界。
T2　感冒 的 时候 需要 多 喝水 多 休息。
T2　我 打算 明年 到 南边 的 城市 找 工作。
T2　问题：我要去北边的城市工作，是/否？
T2　我 妹妹 是 一个 非常 漂亮 的 姑娘。
T2　她 衣服 和 帽子 的 颜色 是 一样 的。
T2　问题：她衣服和帽子的颜色不一样，是/否？
T2　欢迎 各位 朋友 来 我们 学校 参观。
T2　出国 留学 是 一个 学习 语言 的 好 机会。
T2　大家 都 认为 她 口语 说得 很 不错。
T2　学校 里 每 星期日 下午 都 有 活动。
T2　问题：学校的活动在星期日，是/否？
T2　我 听说 他们 打算 明天 晚上 看 演出。
T2　大家 认为 今天 的 电视 节目 非常 精彩。
T2　请 把 桌子 上 的 钢笔 和 本子 给 我。
T2　问题：椅子上有钢笔和本子，是/否？
T2　考试 的 时候 一定 不要 使用 铅笔。
T2　问题：考试的时候不能用铅笔，是/否？
T2　我 能够 理解 黑板 上 那些 中文 句子。
T2　哥哥 已经 坐 飞机 离开 这个 城市 了。
T2　女儿 一 看见 我 就 高兴 地 跑了 过来。
T2　我们 在 工作 中 经常 遇到 各种 困难。

第二组材料

T1　我和他认识已经有二十多年了。
T1　问题：我和他认识了十年了，是/否？
T1　科学技术对现代社会发展有很大影响。
T1　这是我的老师为我写的介绍信。

T2	通知 全体 同学 下午 到 医院 检查 身体。
T2	问题：全体同学要到饭店检查身体，是/否？
T2	老师 表扬 他 最近 学习 成绩 提高 得 快。
T2	我 每天 听 广播 了解 最新 的 社会 新闻。
T3	躺 在 床 上 看 书 对 眼 睛 非 常 不 好。
T3	小 王 写 的 这 篇 文 章 有 不 少 语 法 错 误。
T3	老 师 批 评 了 那 几 个 上 课 迟 到 的 同 学。
T3	问题：上课迟到的同学被老师批评了，是/否？
T4	老师要 求我 们每 人写 一 篇八 百 字文 章。
T4	问题：老师要求我们写文章，是/否？
T4	领 导对 我 们的 计 划不 是 很满 意。
T4	我 们一 定能 够取 得最 后 的胜 利。
T5	练习结束，以下是正式实验。
T4	每 天下 午我 和爸 爸去 公 园散 步。
T4	问题：每天上午我和妈妈去散步，是/否？
T4	我打 算送 好朋 友一 件生 日礼 物。
T4	我认 为春 天是 一 年中 最 好的 季 节。
T4	我计 划开 学以 后买 一 辆新 自 行车。
T4	问题：我想买一辆自行车，是/否？
T4	我觉 得那 件 红 色的 衣 服比 黑 色的 好 看。
T4	问题：我觉得红色衣服更好看，是/否？
T4	他让 我 们今 天晚 上来 参 加活 动。
T4	文 章里 的许 多句 子有 语 法错 误。
T4	许 多孩 子喜 欢一 边听 音 乐一 边写作 业。
T4	通 过这 个活 动我 认 识了许 多外 国朋 友。
T4	留学 生们 在新 年晚 会上玩 得非 常高 兴。
T4	弟 弟考 上大 学的 消 息让 母 亲非 常高 兴。
T4	问题：母亲为弟弟考上大学高兴，是/否？
T4	现 在我 已 经完 全相 信这 个消 息了。

T4　他每天早晨到操场上锻炼身体。
T4　问题：他晚上锻炼身体，是/否？
T4　你一定要认真完成这些练习题。
T4　去学校图书馆应该朝这个方向走。
T4　使用这个机器的时候需要特别注意。
T1　我们打算下课以后一起去游泳。
T1　解决问题的方法不是只有一种。
T1　请你下课以后到老师办公室来。
T1　问题：你下课以后到教室来，是/否？
T1　我们今天下午去机场接外国朋友。
T1　问题：我们下午去接外国朋友，是/否？
T1　同学们认为今天的口语考试十分简单。
T1　我参加考试时总是觉得非常紧张。
T1　小女孩正在旁边的房间里睡觉。
T1　问题：小女孩正在睡觉，是/否？
T1　我准备明年春天到外国去留学。
T1　问题：我打算明年春天去留学，是/否？
T1　我希望你能够照顾一下这些小孩子。
T1　祝你在汉语考试中取得好成绩。
T1　我和我的女朋友是通过介绍认识的。
T1　我忽然听见门口有人大声叫我的名字。
T1　上课以前做好预习是十分重要的。
T1　请代我向全体老师和同学问好。
T1　中国一直以来都是一个农业大国。
T1　医生正在为那个小女孩检查身体。
T1　问题：医生为小男孩检查身体，是/否？
T2　我们学校离商店和邮局非常近。
T2　我妈妈已经在医院工作了许多年。
T2　问题：我妈妈在工厂里工作，是/否？
T2　在附近的商店里可以买到苹果和香蕉。
T2　我父亲是一位非常有名的文学家。

T2 姐姐 最 喜欢 的 体育 运动 是 游泳。
T2 问题：跑步是姐姐最喜欢的运动，是/否？
T2 我 从 宿舍 到 教室 骑 自行车 要 十 分钟。
T2 昨天 我 走了 一个 小时 才 到 车站。
T2 爸爸 一直 很 关心 我 的 学习 成绩。
T2 问题：爸爸不关心我的学习成绩，是/否？
T2 我 和 同学 之间 的 关系 一直 非常 好。
T2 他的 汉语 水平 比 以前 提高 了 许多。
T2 问题：他的汉语比以前好，是/否？
T2 我 可以 用 英语 进行 一般 的 会话。
T2 在 信封 上 有 一张 很 漂亮 的 邮票。
T2 我 买了 一本 介绍 汉语 知识 的 书。
T2 问题：我买了一本关于汉语的书，是/否？
T2 考试 能够 帮助 我们 更好 地 学习。
T2 进行 体育 锻炼 对 身体 健康 有 好处。
T2 人们 要 用 自己 的 双手 改变 世界。
T3 感冒 的 时候 需要 多 喝水 多 休息。
T3 我 打算 明年 到 南边 的 城市 找 工作。
T3 问题：我要去北边的城市工作，是/否？
T3 我 妹妹 是 一个 非常 漂亮 的 姑娘。
T3 她 衣服 和 帽子 的 颜色 是 一样 的。
T3 问题：她衣服和帽子的颜色不一样，是/否？
T3 欢迎 各位 朋友 来 我们 学校 参观。
T3 出 国 留学 是 一 个 学习 语言 的 好 机 会。
T3 大 家 都 认为 她 口语 说 得 很 不错。
T3 学 校 里 每 星期日 下午 都 有 活动。
T3 问题：学校的活动在星期日，是/否？
T3 我 听说 他们 打算 明天 晚上 看 演出。
T3 大 家 认为 今天 的 电视 节目 非常 精 彩。

T3 请把桌子上的钢笔和本子给我。
T3 问题：椅子上有钢笔和本子，是/否？
T3 考试的时候一定不要使用铅笔。
T3 问题：考试的时候不能用铅笔，是/否？
T3 我能够理解黑板上那些中文句子。
T3 哥哥已经坐飞机离开这个城市了。
T3 女儿一看见我就高兴地跑了过来。
T3 我们在工作中经常遇到各种困难。

第三组材料

T1 我和他认识已经有二十多年了。
T1 问题：我和他认识了十年了，是/否？
T1 科学技术对现代社会发展有很大影响。
T1 这是我的老师为我写的介绍信。
T2 通知 全体 同学 下午 到 医院 检查 身体。
T2 问题：全体同学要到饭店检查身体，是/否？
T2 老师 表扬 他 最近 学习 成绩 提高 得 快。
T2 我 每天 听 广播 了解 最新 的 社会 新闻。
T3 躺 在 床 上 看 书 对 眼睛 非常 不 好。
T3 小 王 写 的 这 篇 文 章 有 不 少 语 法 错 误。
T3 老 师 批 评 了 那 几 个 上 课 迟 到 的 同 学。
T3 问题：上课迟到的同学被老师批评了，是/否？
T4 老 师 要 求 我 们 每 人 写 一 篇 八 百 字 文 章。
T4 问题：老师要求我们写文章，是/否？
T4 领 导 对 我 们 的 计 划 不 是 很 满 意。
T4 我 们 一 定 能 够 取 得 最 后 的 胜 利。
T5 练习结束，以下是正式实验。
T1 每天下午我和爸爸去公园散步。

T1 问题：每天上午我和妈妈去散步，是/否？
T1 我打算送好朋友一件生日礼物。
T1 我认为春天是一年中最好的季节。
T1 我计划开学以后买一辆新自行车。
T1 问题：我想买一辆自行车，是/否？
T1 我觉得那件红色的衣服比黑色的好看。
T1 问题：我觉得红色衣服更好看，是/否？
T1 他让我们今天晚上来参加活动。
T1 文章里的许多句子有语法错误。
T1 许多孩子喜欢一边听音乐一边写作业。
T1 通过这个活动我认识了许多外国朋友。
T1 留学生们在新年晚会上玩得非常高兴。
T1 弟弟考上大学的消息让母亲非常高兴。
T1 问题：母亲为弟弟考上大学高兴，是/否？
T1 现在我已经完全相信这个消息了。
T1 他每天早晨到操场上锻炼身体。
T1 问题：他晚上锻炼身体，是/否？
T1 你一定要认真完成这些练习题。
T1 去学校图书馆应该朝这个方向走。
T1 使用这个机器的时候需要特别注意。
T2 我们 打算 下课 以后 一起 去 游泳。
T2 解决 问题 的 方法 不是 只有 一种。
T2 请 你 下课 以后 到 老师 办公室 来。
T2 问题：你下课以后到教室来，是/否？
T2 我们 今天 下午 去 机场 接 外国 朋友。
T2 问题：我们下午去接外国朋友，是/否？
T2 同学们 认为 今天 的 口语 考试 十分 简单。
T2 我 参加 考试 时 总是 觉得 非常 紧张。
T2 小女孩 正在 旁边 的 房间 里 睡觉。
T2 问题：小女孩正在睡觉，是/否？
T2 我 准备 明年 春天 到 外国 去 留学。

T2　问题：我打算明年春天去留学，是/否？
T2　我　希望　你　能够　照顾　一下　这些　小孩子。
T2　祝　你　在　汉语　考试　中　取得　好　成绩。
T2　我　和　我　的　女朋友　是　通过　介绍　认识　的。
T2　我　忽然　听见　门口　有　人　大声　叫　我　的　名字。
T2　上课　以前　做　好　预习　是　十分　重要　的。
T2　请　代　我　向　全体　老师　和　同学　问好。
T2　中国　一直　以来　都　是　一个　农业　大国。
T2　医生　正在　为　那个　小女孩　检查　身体。
T2　问题：医生为小男孩检查身体，是/否？
T3　我　们　学　校　离　商　店　和　邮　局　非　常　近。
T3　我　妈　妈　已　经　在　医　院　工　作　了　许　多　年。
T3　问题：我妈妈在工厂里工作，是/否？
T3　在　附　近　的　商　店　里　可　以　买　到　苹　果　和　香　蕉。
T3　我　父　亲　是　一　位　非　常　有　名　的　文　学　家。
T3　姐　姐　最　喜　欢　的　体　育　运　动　是　游　泳。
T3　问题：跑步是姐姐最喜欢的运动，是/否？
T3　我　从　宿　舍　到　教　室　骑　自　行　车　要　十　分　钟。
T3　昨　天　我　走　了　一　个　小　时　才　到　车　站。
T3　爸　爸　一　直　很　关　心　我　的　学　习　成　绩。
T3　问题：爸爸不关心我的学习成绩，是/否？
T3　我　和　同　学　之　间　的　关　系　一　直　非　常　好。
T3　他　的　汉　语　水　平　比　以　前　提　高　了　许　多。
T3　问题：他的汉语比以前好，是/否？
T3　我　可　以　用　英　语　进　行　一　般　的　会　话。
T3　在　信　封　上　有　一　张　很　漂　亮　的　邮　票。
T3　我　买　了　一　本　介　绍　汉　语　知　识　的　书。
T3　问题：我买了一本关于汉语的书，是/否？
T3　考　试　能　够　帮　助　我　们　更　好　地　学　习。

T3 进行体育锻炼对身体健康有好处。
T3 人们要用自己的双手改变世界。
T4 感冒的时候需要多喝水多休息。
T4 我打算明年到南边的城市找工作。
T4 问题：我要去北边的城市工作，是/否？
T4 我妹妹是一个非常漂亮的姑娘。
T4 她衣服和帽子的颜色是一样的。
T4 问题：她衣服和帽子的颜色不一样，是/否？
T4 欢迎各位朋友来我们学校参观。
T4 出国留学是一个学习语言的好机会。
T4 大家都认为她口语说得很不错。
T4 学校里每星期日下午都有活动。
T4 问题：学校的活动在星期日，是/否？
T4 我听说他们打算明天晚上看演出。
T4 大家认为今天的电视节目非常精彩。
T4 请把桌子上的钢笔和本子给我。
T4 问题：椅子上有钢笔和本子，是/否？
T4 考试的时候一定不要使用铅笔。
T4 问题：考试的时候不能用铅笔，是/否？
T4 我能够理解黑板上那些中文句子。
T4 哥哥已经坐飞机离开这个城市了。
T4 女儿一看见我就高兴地跑了过来。
T4 我们在工作中经常遇到各种困难。

第四组材料

T1 我和他认识已经有二十多年了。
T1 问题：我和他认识了十年了，是/否？
T1 科学技术对现代社会发展有很大影响。
T1 这是我的老师为我写的介绍信。
T2 通知全体同学下午到医院检查身体。

附录2 留学生眼动实验阅读材料

T2 问题：全体同学要到饭店检查身体，是/否？
T2 老师 表扬 他 最近 学习 成绩 提高 得 快。
T2 我 每天 听 广播 了解 最新 的 社会 新闻。
T3 躺 在 床 上 看 书 对 眼 睛 非常 不 好。
T3 小 王 写 的 这 篇 文 章 有 不 少 语 法 错 误。
T3 老 师 批 评 了 那 几 个 上 课 迟 到 的 同 学。
T3 问题：上课迟到的同学被老师批评了，是/否？
T4 老 师要 求我 们每 人写 一 篇八 百 字文 章。
T4 问题：老师要求我们写文章，是/否？
T4 领 导对 我 们的 计 划不 是 很满 意。
T4 我 们一 定能 够取 得最 后 的胜 利。
T5 练习结束，以下是正式实验。
T2 每天 下午 我 和 爸爸 去 公园 散步。
T2 问题：每天上午我和妈妈去散步，是/否？
T2 我 打算 送 好朋友 一件 生日 礼物。
T2 我 认为 春天 是 一年 中 最好 的 季节。
T2 我 计划 开学 以后 买 一辆 新 自行车。
T2 问题：我想买一辆自行车，是/否？
T2 我 觉得 那件 红色 的 衣服 比 黑色 的 好看。
T2 问题：我觉得红色衣服更好看，是/否？
T2 他 让 我们 今天 晚上 来 参加 活动。
T2 文章 里 的 许多 句子 有 语法 错误。
T2 许多 孩子 喜欢 一边 听 音乐 一边 写 作业。
T2 通过 这个 活动 我 认识 了 许多 外国 朋友。
T2 留学生们 在 新年 晚会 上 玩得 非常 高兴。
T2 弟弟 考 上 大学 的 消息 让 母亲 非常 高兴。
T2 问题：母亲为弟弟考上大学高兴，是/否？
T2 现在 我 已经 完全 相信 这个 消息 了。
T2 他 每天 早晨 到 操场 上 锻炼 身体。

T2　问题：他晚上锻炼身体，是/否？
T2　你　一定　要　认真　完成　这些　练习题。
T2　去　学校　图书馆　应该　朝　这个　方向　走。
T2　使用　这个　机器　的　时候　需要　特别　注意。
T3　我　们　打算　下　课　以　后　一　起　去　游　泳。
T3　解　决　问　题　的　方　法　不　是　只　有　一　种。
T3　请　你　下　课　以　后　到　老　师　办　公　室　来。
T3　问题：你下课以后到教室来，是/否？
T3　我　们　今　天　下　午　去　机　场　接　外　国　朋　友。
T3　问题：我们下午去接外国朋友，是/否？
T3　同　学　们　认　为　今　天　的　口　语　考　试　十　分　简　单。
T3　我　参　加　考　试　时　总　是　觉　得　非　常　紧　张。
T3　小　女　孩　正　在　旁　边　的　房　间　里　睡　觉。
T3　问题：小女孩正在睡觉，是/否？
T3　我　准　备　明　年　春　天　到　外　国　去　留　学。
T3　问题：我打算明年春天去留学，是/否？
T3　我　希　望　你　能　够　照　顾　一　下　这　些　小　孩　子。
T3　祝　你　在　汉　语　考　试　中　取　得　好　成　绩。
T3　我　和　我　的　女　朋　友　是　通　过　介　绍　认　识　的。
T3　我　忽　然　听　见　门　口　有　人　大　声　叫　我　的　名　字。
T3　上　课　以　前　做　好　预　习　是　十　分　重　要　的。
T3　请　代　我　向　全　体　老　师　和　同　学　问　好。
T3　中　国　一　直　以　来　都　是　一　个　农　业　大　国。
T3　医　生　正　在　为　那　个　小　女　孩　检　查　身　体。
T3　问题：医生为小男孩检查身体，是/否？
T4　我　们学　校　离商　店和　邮　局非　常近。
T4　我妈　妈已　经在　医　院工　作　了许　多　年。

T4　问题：我妈妈在工厂里工作，是/否？
T4　在附近的商店里可以买到苹果和香蕉。
T4　我父亲是一位非常有名的文学家。
T4　姐姐最喜欢的体育运动是游泳。
T4　问题：跑步是姐姐最喜欢的运动，是/否？
T4　我从宿舍到教室骑自行车要十分钟。
T4　昨天我走了一个小时才到车站。
T4　爸爸一直很关心我的学习成绩。
T4　问题：爸爸不关心我的学习成绩，是/否？
T4　我和同学之间的关系一直非常好。
T4　他的汉语水平比以前提高了许多。
T4　问题：他的汉语比以前好，是/否？
T4　我可以用英语进行一般的会话。
T4　在信封上有一张很漂亮的邮票。
T4　我买了一本介绍汉语知识的书。
T4　问题：我买了一本关于汉语的书，是/否？
T4　考试能够帮助我们更好地学习。
T4　进行体育锻炼对身体健康有好处。
T4　人们要用自己的双手改变世界。
T1　感冒的时候需要多喝水多休息。
T1　我打算明年到南边的城市找工作。
T1　问题：我要去北边的城市工作，是/否？
T1　我妹妹是一个非常漂亮的姑娘。
T1　她衣服和帽子的颜色是一样的。
T1　问题：她衣服和帽子的颜色不一样，是/否？
T1　欢迎各位朋友来我们学校参观。
T1　出国留学是一个学习语言的好机会。
T1　大家都认为她口语说得很不错。
T1　学校里每星期日下午都有活动。
T1　问题：学校的活动在星期日，是/否？
T1　我听说他们打算明天晚上看演出。

T1　大家认为今天的电视节目非常精彩。

T1　请把桌子上的钢笔和本子给我。

T1　问题：椅子上有钢笔和本子，是/否？

T1　考试的时候一定不要使用铅笔。

T1　问题：考试的时候不能用铅笔，是/否？

T1　我能够理解黑板上那些中文句子。

T1　哥哥已经坐飞机离开这个城市了。

T1　女儿一看见我就高兴地跑了过来。

T1　我们在工作中经常遇到各种困难。

附录3 韩国留学生眼动实验阅读材料

练习文章

有个年轻人开车行驶时,忽然发现一只鸡正跟着他的车子跑。他从来没见过跑得这么快的鸡,于是他将车速提高到每小时100公里,可那只鸡仍然毫不费力地跟着他。他继续提高车速,当车速提高到每小时120公里时,那只鸡仍旧轻松地跟着他。

后来,那只鸡转上了一条岔路,小伙子开着车跟在后面,来到一个养鸡场。他看到一个农夫正在干活,就走上去问道:"劳驾,您知道那只跑得飞快的鸡是谁养的吗?"那个农夫一脸的不高兴:"我养的。"小伙子由衷地赞叹道:"真了不起!请问,这种鸡肉味道怎么样?您能不能卖给我一只?""卖给你?"农夫笑着说:"如果我有办法抓住它们,我自己倒想先尝尝!"

1. 发现那只鸡时,小伙子正在干什么?
    A. 在公路上等车　　B. 在养鸡场与人聊天　　C. 驾驶自己的汽车
2. 小伙子为什么不断提高车速?
    A. 路上没有人,可以开得快一些　　B. 他想快一点儿到达养鸡场
    C. 他想看看那只鸡到底能跑多快
3. 谁知道这种鸡腿的味道?
    A. 没有人　　　　B. 小伙子　　　　　C. 农夫

汉语记叙文

去年三月,我参加了一家外国公司的招聘考试。考试分为笔试和面试,在回答最后的面试问题时,突然一位外国考官从座位上站了起来,惊喜地说他在国外某大学的语言培训班上见过我,并说:"老朋友,又见面了!"其他的考官听后都向我们表示祝贺,但是我心里很清楚,我

并没有去过那所大学。

我一时犹豫起来,不知是否应该利用他认错人来帮助自己得到这份工作?但是我最终战胜了自己,对他说:"对不起,您认错人了"。"不,我的记忆力很好!""您确实认错人了!"在我的坚持中,房间里突然响起了一片掌声,我被录用了。后来我才知道,所谓在国外见过我,其实是考官设计的一个"圈套"。

1. 作者参加的是一场什么考试?
   A. 笔试　　　B. 口试　　　C. 面试　　　D. 表演
2. 作者认识那位考官吗?
   A. 不认识　　　　　　　　B. 好像见过
   C. 认识,但不知道名字　　D. 见过,但没有联系
3. 看到考官和自己打招呼,作者为什么犹豫起来?
   A. 犹豫是不是以前见过考官
   B. 想是不是让考官帮自己得到这份工作
   C. 想是不是外国考官的记忆力不好
   D. 犹豫自己去没去过那所大学

汉语议论文

世界上有很多野生动物正面临着绝种的危险。生活在印度尼西亚保护区的天堂鸟,七十年代末还有 500 来只,现在只剩下 55 只;海豹正从北海消失;非洲野狗面临灭绝的威胁,估计南非现在仅残存 350 只;上世纪非洲共有 1000 万头大象,而现在幸存下来的野象可能只有 40 万头,平均每年递减约 10%,再过十年,非洲野象群就将不复存在,中国也有不少稀有动物分布区域在缩小,种群数量在骤减。

原因何在呢?栖息环境的改变和破坏是许多动物灭绝的主要原因。随意捕杀猎取是造成野生动物濒临灭绝的又一重要原因。另外,人类的生产活动不仅缩小了野生动物的生存空间,也给野生动物带来了空前的灾难和致命的威胁。

1. 现在非洲的野象有多少头?
   A. 10 万　　　B. 40 万　　　C. 500 万　　　D. 1000 万

2. 根据上文,天堂鸟生活在什么地方?
   A. 北海　　　　　　　　　B. 非洲
   C. 中国　　　　　　　　　D. 印度尼西亚
3. 野生动物迅速减少的原因,哪一个不是本文指出的?
   A. 生存环境的缩小　　　　B. 全球气候的变化
   C. 人对野生动物的捕杀　　D. 人类生产活动的影响

汉语说明文

端午节吃粽子是中国人的习惯,据说是为了纪念屈原。在两千多年前的战国时代,屈原主张改革,受到楚国当权者的迫害,被流放。在楚国将要灭亡的时候,屈原跳进汨罗江。出于对屈原的敬爱,江边的老百姓都划着船打捞他的尸体,并且用竹筒装上米,投进江里,以免鱼吃掉他的尸体。这就是包粽子和赛龙舟的由来。

在粽子的做法和吃法上,经过几千年的发展,有了很大的变化。最早的粽子是用竹筒装上米,后来人们用竹叶包上米,再用线捆起来。以后南北方逐渐形成了各自不同的风味,不但形状、大小各不相同,馅儿和味道更是花样各异。现在,粽子已经不再是端午节才有的食品,一年四季都可买到。

1. 在中国,粽子是哪个传统节日的食品?
   A. 国庆节　　B. 中秋节　　C. 端午节　　D. 元宵节
2. 最早的粽子是什么样的?
   A. 竹叶包上米　　　　　　B. 面里包上馅儿
   C. 用盒子装上米　　　　　D. 竹桶装上米
3. 为什么有端午节吃这种食品的习惯?
   A. 因为好吃　　　　　　　B. 为了纪念屈原
   C. 为了比赛　　　　　　　D. 因为又好吃又便宜

中医主题说明文

阴阳五行学说认为:人体五脏属阴,六腑属阳。脏腑的功能属阳,器官物质属阴。五脏按五行分类为：肝属木，心属火，脾属土，肺属金，肾属水。

中医学认为人体各器官间，必须保持相对的阴阳协调关系。若协调关系受到破坏，人就会生病。其病理表现均可用阴阳的不同变化说明。按中医理论：阴胜则阳病，阴胜则寒；阳胜则阴病，阳胜则热。或者出现"阴虚"与"阳虚"。如此推绎下去，可以辨识疾病的各种病理机制。五行学说是以五行之间的生克乘侮的关系来表示和说明脏器之间的各种病理变化。如肾属水，肝属木，水能生木，故肾为母脏，肝为子脏。若肾有病，水不能涵木，则谓之"母病及子"。

1. 按照五行分类，下面哪项正确？

   A. 心属水　　　B. 肺属金　　　C. 肝属土　　　D. 脾属木

2. 根据上文介绍，下面哪项不正确？

   A. 阳胜则寒　　　　　　B. 阴胜则阳病

   C. 阳胜则阴病　　　　　D. 阴胜则寒

3. 根据五行学说，什么是"母病及子"？

   A. 母亲的病传给孩子　　　B. 母脏患病后引起子脏疾病

   C. 肾脏有水，引起肝病　　D. 肝脏属水，母脏属木

后　记
——低头登山　抬头看路

我从小喜欢登山，登过不少山，有名山，也有不知名的野山。以前，我每登山必到顶，那时的想法很简单——不到山顶非好汉，以登到极顶体验"一览众山小"、"山高人为峰"为乐趣，而且乐此不疲。

最美是秋日里漫步在铺满松针、落叶的小路上，你会思绪万千。生活、工作、学习，乃至婚姻，不都是登山吗？登山在人，在人的身体素质、意志品质、心境，更在对山路的选择。有时登的山像华山，只有一条路，虽然艰险，但只要一路向上就能达到顶峰。而有的山却都是崎岖蜿蜒的小路，密密麻麻，那时只有选对了路才能一路顺畅。在韩国工作的时候，学校后面就是一座山，满足了我每天登山的愿望。山是野山，没有修筑台阶，都是林间的小路，总有数百条。我每天沿着不同的路上山，沿着不同的路下山，不再把每次登顶作为必不可少的事情，但每次总有惊喜，有时不到下到山底大路的那一刻，连自己也不知道后边的路到底是哪儿。在那里我找到了更多的乐趣。听一听鸟鸣是一种乐趣，捡一枚李子、榛子或是酸枣是一种乐趣，喝一口清澈的泉水是一种乐趣，呼吸一口带着树木香味的新鲜空气是一种乐趣，坐在山石上是一种乐趣，或者什么也不做，只是走一走，心里也感到一种乐趣。这时我才知道，原来登山并不只是以"会当凌绝顶"为唯一的乐趣的。

学习之路也是登山，从小学、中学、大学到后来的硕士、博士。老师就是我山路上的向导和指示牌，不断修正我的方向，指给我捷径，使我少走弯路，踏着前人的脚印不断向前。在山路上摔倒了，拉住我的是老师；在山路上我捡了一颗颗果实，背着不断前行，想向别人炫耀，告诉我要轻装前进的是老师；点拨我倒出背囊里的果实，让松鼠、山雀们来分享的，也是我的老师。

感谢我的老师，他们是我登山的向导和引路人。我国心理学界德高望重的沈德立先生和恩师阴国恩教授对我恩重如山。是他们不弃驽钝，跨专业招我入门，为我打开了一片崭新的世界，引我步入曾经神往已久的心理学殿堂。古人云："使人畏我，不如使人敬我。敬发乎人之本心，不可强求。"沈先生就是这种人恒敬之的大家，他的学识与人品令人高山仰止。恩师阴先生温文雅儒，其言蔼蔼，教导谆谆，浸润心田，为人、为学惠我良多。更难忘恩师萧国政教授和师母对我学习和生活上的关怀和照顾。得知我母亲已经故去，师母对我倍加疼爱，多次下厨给我做地道的武汉菜，使我有一种时光倒流之感，好像又尝到了母亲做的菜。忘不了在萧老师家过的生日，那是我30多年来第一次在外过生日，老师知道了，不仅特意准备了一桌好菜，而且一向不喝酒的老师还破例陪我喝了一杯，这是怎样的一种情谊呀！对他们的感激之情难以言表。

不论是博士学习阶段还是在博士后研究中，天津师范大学心理与行为研究院的白学军教授和闫国利教授都给了我极大的指导和帮助，为我学习和研究提供了很多便利。其情殷殷，如浴春风。在此我要衷心地说一声，两位老师，谢谢您！

本书中所有的实验研究都是在天津师范大学心理与行为研究院眼动实验室完成的。在实验过程中还得到薛向军、田宏杰等师兄弟的大力协助，特别是师弟李勇和师妹田瑾，他们俩不仅帮我操作眼动仪，还帮我完成了部分数据的统计工作。没有他们无私地提供场地和技术方面的支持，只凭个人的力量，在短短的博士和博士后研究期间，要想完成这么多数据的测量和分析是不可想象的。另外，在本书的撰写过程中参考了张必隐教授、莫雷教授和闫国利教授的一些观点，不敢掠美，在此志之，以表达我诚挚的谢意。

光阴荏苒，难忘与武汉大学同门师兄弟胡惮、李春玲、程乐乐、李圌、刘平、王跃龙、万菁、欧阳晓芳、陈波等结下的手足情。你们是我登山路上的陪伴者，感谢你们对我的鼓励和帮助。

本研究得到了国家哲学社会科学基金（09CYY018）、天津市哲学社会科学基金（TJZW08-1-015）和天津市高等学校人文社会科学研究基金（20072206）的资助，在此一并致谢。

"谁言寸草心，报得三春晖。"在我的登山路上我的父母一直陪伴着我，正是他们无微不至地照顾、殷切的希望和不断的鼓励、鞭策给我无穷的勇气和力量，使我不畏挫折不断攀登。可在我即将完成博士学业的时候，母亲却悄然逝去，差一点点没能看见儿子手捧毕业证书，没能和穿着博士服的儿子照张合影，没能让总在忙的儿子停下来好好儿地孝敬她老人家。"子欲养而亲不在"，世间最惨痛的事，怕是莫过于此了，留给我无尽的遗憾与愧悔。每当想起她，令我肠断欲绝。在妈妈去世五周年之际，我要把这本书献给我的妈妈——边春霞。虽然登山路上不可能永远有人陪伴，但，妈妈，我们一直在一起。

时光倏忽而逝，回首往事，也留下诸多遗憾，浪费了许多宝贵的时间，错失了很多珍贵的东西。然而时光不可逆，喜怒哀乐已如过眼烟云，唯有祝愿这些爱我和我爱的人永远平安幸福！

于 鹏
2009 年国庆